JN125618

これからの個人情報・プライバシー保護と戦略的活用

キーワードとQ&Aでわかる！

編　EYストラテジー・アンド・コンサルティング（株）

同文舘出版

※図表については、出所の記載がないものは編者作成を示す。

はじめに

EUにおける2018年5月の一般データ保護規則（GDPR）の適用開始以降、個人情報保護に関する法規制の強化や新設が世界的に進み、個人情報の取扱いやプライバシー保護に対する考え方が大きな注目を集めるようになりました。また、国境をまたいだデータ流通の加速化に伴い、越境プライバシールールに関するシステム（CBPR）の進展や認証制度の広がりなど、企業を取り巻く個人データのグローバル化に対応すべく、国際ルールの整備にも拍車がかかっている状況です。

その背景には、ソーシャルメディアやクラウドコンピューティング、IoTの普及による個人データの大量流通時代の到来に加え、AI、ブロックチェーン、仮想現実（VR）など、IT技術のさらなる進化によりますます加速する個人のライフスタイルの変化や企業のビジネスの多様化があります。加えて、新型コロナウイルス感染症の世界的流行に伴う消費者の行動様式の変化も、個人データの管理手法や利活用のあり方を見つめ直す機会をもたらした一因となっています。

個人データの利活用は、企業にとってはビジネスチャンスの拡大をもたらす一方で、その取扱いが複雑化することにより、消費者の目には想定外の使われ方をされているようにも映ってしまい、適切な対応を怠るとかえってネガティブな印象を植え付けてしまうことにもなりかねません。こうしたプライバシーに関する懸念が、企業が開発する新サービスの撤退や、ひいては企業の存続にもつながりかねない深刻な影響を及ぼすことから、今やプライバシーリスクは、企業のビジネス環境において最も重要なリスクの１つとして位置づけられるようになりました。

EYでは、個人情報／プライバシー保護分野の専門チームにて、同グループの弁護士法人とも連携し、日々、企業の課題解決に向けたご支援を提供しています。本書は、そうした中でお問い合わせを多くいただくご相談事項も含め、主に企業で個人情報を取り扱う部門の責任者や実務担当者に向けたQ&A 形式にて、各企業が対応を進める上で参考となるよう、次の章立てにより構成しています。

PART 1では、IT やデジタル関連情報に関わるホットトピックや、個人情報、プライバシー保護の観点で話題になることの多いキーワードについて、その概要と個人情報 / プライバシー保護との関わりを紹介しています。以降の章にも関連する内容が含まれますので、本書を読み進める上での導入部として、ご一読いただければと思います。

PART 2では、国内外の個人情報保護法制や国内の業界ルールなどの規制面を中心に、最新動向を交えて概説しています。特にグローバルにビジネスを展開する企業において関心が高まっている海外拠点を含めたグループガバナンスについてもテーマに含めています。

PART 3は、PART 1、PART 2の説明を踏まえて、企業の担当者が、これから先、適切な個人情報 / プライバシー保護対策を通じて、個人データのビジネス戦略上の利活用に取り組む上での実務上のポイントについて紹介しています。プライバシーポリシーやプライバシー影響評価（PIA)、個人データの越境移転などの個別論点や、個人情報 / プライバシー保護管理対策の実装に向けたプライバシーガバナンスの構築など、多くの企業よりご相談をいただくテーマを取り上げています。

本書を手に取られた方々にとって、個人情報保護対応の実務の一助となることを執筆者一同、心から願っています。

EY ストラテジー・アンド・コンサルティング株式会社
テクノロジーリスク
執筆者一同

CONTENTS

PART 1 個人情報／プライバシーを取り巻く主要なキーワードの解説

PART 2 個人情報保護法制に関する Q&A

PART 3 これからの個人情報／プライバシー管理についてのQ＆A

COLUMN

凡例

◇法令・規則等◇

正式名称	本文略称
医療分野の研究開発に資するための匿名加工医療情報に関する法律	次世代医療基盤法
経済産業分野のうち個人遺伝情報を用いた事業分野における個人情報保護ガイドライン	経済産業省個人遺伝情報保護ガイドライン
個人情報の保護に関する法律（平成十五年法律第五十七号）	個人情報保護法
個人情報の保護に関する法律（平成 27 年 9 月 9 日「個人情報の保護に関する法律及び行政手続における特定の個人を識別するための番号の利用等に関する法律の一部を改正する法律」公布による改正）	平成 27 年改正法
個人情報の保護に関する法律（令和 2 年 6 月 12 日「個人情報の保護に関する法律等の一部を改正する法律」公布による改正）	令和 2 年改正法
個人情報の保護に関する法律（令和 3 年 5 月 19 日「デジタル社会の形成を図るための関係法律の整備に関する法律」公布による改正）	令和 3 年改正法
個人情報の保護に関する法律施行令（平成十五年政令第五百七号）	個人情報保護法施行令
個人情報の保護に関する法律についてのガイドライン（通則編）	個人情報保護法ガイドライン（通則編）
行政手続における特定の個人を識別するための番号の利用等に関する法律（平成二十五年法律第二十七号）	マイナンバー法
電気通信事業法（昭和五十九年法律第八十六号）	電気通信事業法
電気通信事業法（令和 4 年 6 月 17 日「電気通信事業法の一部を改正する法律」公布による改正）	改正電気通信事業法
特定デジタルプラットフォームの透明性及び公正性の向上に関する法律（令和二年法律第三十八号）	デジタルプラットフォーマー規制法
Brazilian General Data Protection Law（ブラジル一般データ保護法）	LGPD
California Consumer Privacy Act（カリフォルニア州消費者プライバシー法）	CCPA
California Privacy Rights Act（カリフォルニア州プライバシー権法）	CPRA
China's Personal Information Protection Law（中国個人情報保護法）	PIPL
Consumer Online Privacy Rights Act（消費者オンラインプライバシー法）	COPRA
General Data Protection Regulation（一般データ保護規則）	GDPR
ISO/IEC 27001:2022 情報セキュリティ，サイバーセキュリティ及びプライバシー保護－情報セキュリティマネジメントシステム－要求事項	ISO/IEC 27001
ISO/IEC 27002:2022 情報セキュリティ，サイバーセキュリティ及びプライバシー保護－情報セキュリティ管理策	ISO/IEC 27002
ISO/IEC 27701:2019 セキュリティ技術ープライバシー情報マネジメントのための ISO/IEC 27001 及び ISO/IEC 27002 への拡張ー要求事項及び指針	ISO/IEC 27701
JIS Q 15001:2017 個人情報保護マネジメントシステムー要求事項	JIS Q 15001
Personal Data Protection Act（シンガポール，タイなどの個人情報保護法）	PDPA

正式名称	本文略称
Proposal for a Regulation laying down harmonised rules on artificial intelligence、Artificial Intelligence Act	AIの利用に関する規則案
Setting an American Framework to Ensure Data Access, Transparency, and Accountability Act（データアクセス、透明性、アカウンタビリティ確保のための米国のフレームワークを定める法律）	SAFE DATA Act

◇**用語・機関名等**◇

用語（略称）	英語	日本語
BCR	Binding Corporate Rules	拘束的企業準則
CBDC	Central Bank Digital Currency	中央銀行デジタル通貨
CBPR	Cross Border Privacy Rules	越境プライバシールール
CPO	Chief Privacy Officer	最高プライバシー責任者
CPPA	California Privacy Protection Agency	カリフォルニア州プライバシー保護局
DFFT	Data Free Flow with Trust	信頼性のある自由なデータ流通
DPIA	Data Protection Impact Assessment	データ保護影響評価
DPO	Data Protection Officer	データ保護責任者
EPA	Economic Partnership Agreement	経済連携協定
IAPP	International Association of Privacy Professionals	国際プライバシー専門家協会
ISMS	Information Security Management System	情報セキュリティマネジメントシステム
ISO	International Organization for Standardization	国際標準化機構
JIPDEC	—	一般財団法人日本情報経済社会推進協会
JIS	Japanese Industrial Standards	日本産業規格
OECD	Organisation for Economic Cooperation and Development	経済協力開発機構
PACS	Picture Archiving and Communication System	画像管理システム
PDS	Personal Data Store	パーソナルデータストア
PIA	Privacy Impact Assessment	プライバシー影響評価/個人情報保護評価
PII	Personally Identifiable Information	個人識別可能情報
SCC	Standard Contractual Clause	（個人データの移転に関する）標準契約条項
TADPF	Trans-Atlantic Data Privacy Framework	環大西洋データ・プライバシー枠組み
TPP	Trans-Pacific Partnership	環太平洋パートナーシップ協定

PART 1

個人情報／プライバシーを取り巻く
主要なキーワードの解説

インターネット広告

》インターネット広告の市場規模

企業がマーケティング目的で自社の商品やサービスの宣伝活動を行う、いわゆるインターネット広告は、デジタル社会の進展とともに急成長を続けています。「2021年 日本の広告費 インターネット広告媒体費 詳細分析」[1]によると、日本のインターネット広告費（2兆1,048億円）は、2019年に初めてテレビメディア広告費（1兆8,612億円）を超え、2021年には2兆7,052億円に達し、新聞・雑誌・テレビ・ラジオのマスコミ4媒体広告費（2兆4,538億円）を上回りました。

》インターネット広告の歴史

インターネットがビジネスにも活用され始めた当初の広告は、掲載された記事と関連がある商品・サービス等のバナー広告がホームページに貼られていた程度のものでしたが、インターネットの成長とともに、検索エンジンの検索ワードと連動した「リスティング広告」や、インターネットでの行動履歴から推定された属性や嗜好に基づき最適な広告を表示させる「ターゲティング広告」などに進化してきました。

》ターゲティング広告の台頭

ターゲティング広告の成長の背景には、「インターネットの成長」と「技術面の進化」という2つの要因が挙げられます。

「インターネットの成長」には、オンラインビジネスの発展とデータのリッチ化が影響しています。ショッピングサイトや予約サイトなど、インターネット上で最終的な購買行動を行う機会が多くなったことや、スマートフォ

1 株式会社電通Webサイト「2021年 日本の広告費 インターネット広告媒体費 詳細分析」（2022年3月9日）（https://www.dentsu.co.jp/news/release/2022/0309-010503.html）

ンやソーシャルネットワークサービス（SNS）等の普及で、インターネット上で収集されるデータが増え、Webページ内の広告に紐づけられている別の第三者（企業、機関）から提供されるデータ（サードパーティデータ）を掛け合わせることで、趣味・嗜好に関する情報の質と量が高まりました。広告主にとっては、趣味・嗜好のデータを用いて、購買の可能性が高い利用者に対して効果的に広告を提供したいというニーズが生まれてきました。

「技術面の進化」とは、広告主と媒体の間で、広告枠の販売を行うRTB（Real-Time Bidding）と呼ばれる仕組みの導入が大きなきっかけとなっています。このRTBは、リーマンショック後、金融業界のエンジニアが広告業界に流れ、株式市場に倣ったオークションのシステムをインターネット広告に取り入れたもので、2010年頃からwebサイト上での実装が進み始めました。

こうしたRTBを通じて広告主と媒体の双方の思惑が合致することにより、両者を結び付ける仕組みの誕生、進化によってターゲティング広告は急成長を遂げたのです。

ターゲティング広告を行う際に、取得・利用してほしくないと思うデータ

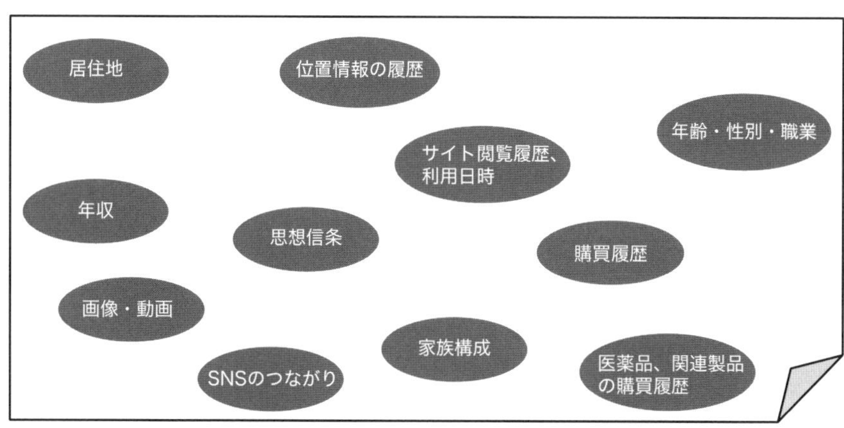

出所：消費者庁「デジタル・プラットフォーム利用者の意識・行動調査」（令和2年5月20日）（https://www.caa.go.jp/notice/entry/019969/index.html）を参考に加工

》個人情報／プライバシー保護との関わり

ターゲティング広告は、利用者のインターネット閲覧履歴などに基づいて個人の好みに合った広告を提供することから、高い宣伝効果を持つ一方で、利用者本人が知らないところで自身の閲覧履歴情報ひいては趣味、嗜好が把握され、乱用されるのではないかという懸念が広がってきました。消費者庁の調査によると、検索サイト利用時のターゲティング広告の受け取りについて、およそ2/3のユーザーが煩わしさを感じています。

こうした意識の変化は、2018年にEU一般データ保護規則（GDPR：General Data Protection Regulation）が施行されて以降、個人の権利に対する自覚と認識の高まりを受けたことも影響していると考えられます。

このような事態を受けて、アメリカの大手IT企業はターゲティング広告向けのデータの利活用について制限を加える行動を開始しました。すなわち、自社が提供するアプリを通じて取得される個人データに関し、当該データをインターネット広告市場に提供するかどうかについて利用者本人が選択

▌検索サイトの利用時にターゲティング広告を受け取って、煩わしく思うことがありますか？▐

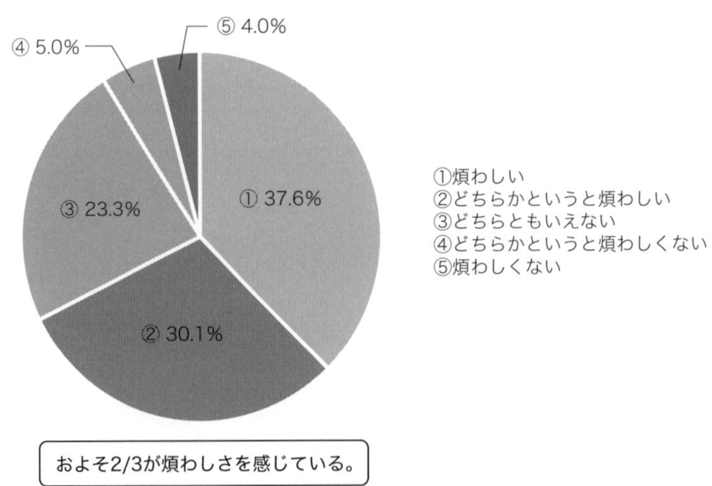

出所：消費者庁「デジタル・プラットフォーム利用者の意識・行動調査」（令和2年5月20日）（https://www.caa.go.jp/notice/entry/019969/index.html）を参考に加工

できるようにすることで、望まない個人のデータやプライバシー情報の流出を防ぐことが可能となります。

一方の広告主である企業も、この流れに同調する形でインターネット広告の予算を削減する機運が高まってきています。これらの動きについては世界各国において政府や当局が高い関心を持って監視を強める傾向にあり、日本においても閲覧履歴データの第三者提供に関する取扱ルールの整備を総務省が進めています[2]。広告市場のビジネスモデルは、新たな広告手法の開発や導入を含めて、今まさに大きな転換期を迎えようとしています。

コラム

電気通信事業法の改正と「外部送信規律」

2023年6月施行の改正電気通信事業法には、プライバシーに関連する規制としていわゆる「Cookie規制」とも呼ばれる「外部送信規律」が追加されました。

「外部送信」とは、利用者のPCや携帯端末等に記録されている本人情報（個人情報や閲覧履歴等）が、SNS、オンライン検索サービス等を利用する際に、Cookie等を通じて端末等の外部に送信されることを指します。

本人が意図せず生じることも多い外部送信について、利用者の立場に立った適切かつわかりやすい形で確認の機会を提供するべく同規律が規定されました。対象事業者は、「外部送信」を行う前に、あらかじめ対象の情報、送信先の名称、利用目的について、本人に通知または容易に知り得る状態に置くなどの対応を行う必要があります。

対象となる事業者は、携帯電話会社などのネットワークサービスを展開する企業にとどまらず、チャットなどのメッセージ媒介サービス、SNS、検索サービス、ニュースや動画配信など、オンライン上でのサービス提供を行っている事業者が広く対象となる点に注意が必要です。

2 総務省webサイト「外部送信規律」(https://www.soumu.go.jp/main_sosiki/joho_tsusin/d_syohi/gaibusoushin_kiritsu.html)

1-2

量子コンピューター／量子暗号

》量子コンピューターとは

私たちが日頃利用しているパソコン、いわゆる従来型のコンピューターでは、2進法によって様々な演算処理が行われており、そこでは「0」または「1」のどちらかのみを使ったビットという情報の単位が表現されています。

これに対し、量子力学という物理の理論を応用した量子コンピュータでは、従来のビットを重ね合わせた「量子ビット」という新たな単位を生み出したことで、膨大な情報を短時間で処理することが実現可能となりました。

》量子暗号の発達と量子技術のグローバル化

こうした新技術の出現によって、これまで事実上解読不可能とされていた複雑な暗号も安全とはいえなくなってきました。そこで、同じく量子力学の原理を応用した量子暗号が開発されました。具体的には、ネットワーク上で暗号に使われる「鍵」を送信する際に、量子の一種である光子（光の粒）に「鍵」の情報を載せる手法が挙げられます。光子には少し触れただけでもその性質が変わってしまうという特徴があり、仮に通信経路上で盗聴された場合には「鍵」が壊れてしまうことから、受信者は盗聴を検知することができ、かつ第三者による暗号の解読すなわち情報漏えい自体も防ぐことができるのです。

量子暗号を含む量子技術への取り組みは企業の垣根を越え、国際的な活動へと進んでいます。2021年9月には、日本の電機、自動車メーカー、金融、通信など幅広い業界企業が参加する「量子技術による新産業創出協議会」が設立されました。さらに2023年1月に同協議会は、アメリカ、カナダ、EUを起点とする量子産業のコンソーシアムと連携した国際協議会の発足を公表しました。量子技術の産業化とその成長を目標として、また、そこに至るまでのアプローチについて、グローバルベースでのコラボレーションが強化されることになります。

量子暗号を使った顔認証の仕組み

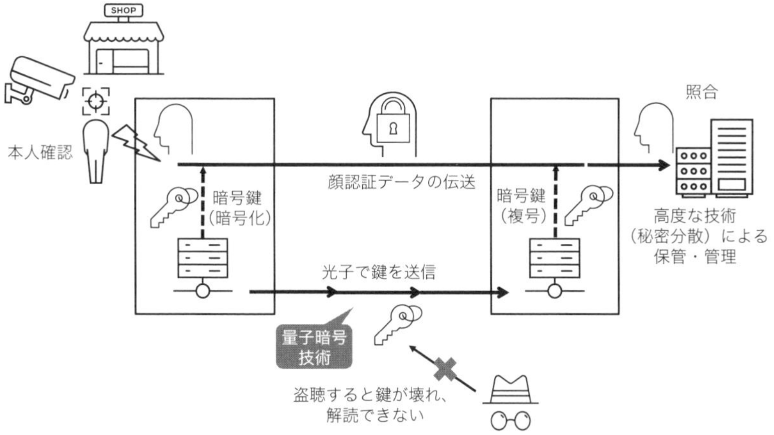

SHOP
本人確認
顔認証データの伝送
暗号鍵（暗号化）
暗号鍵（複号）
照合
高度な技術（秘密分散）による保管・管理
光子で鍵を送信
量子暗号技術
盗聴すると鍵が壊れ、解読できない

》個人情報／プライバシー保護との関わり

現在、空港での出入国や娯楽施設の入退場管理、ATMによる現金引き出しなど様々な局面において、顔認証技術を使った本人確認を行う仕組みが導入されています。これらは身分証明書を都度提示したり、暗証番号を入力したりといった手間を省くことができる、非常に効率の良い、かつ精度の高い本人確認方法です。昨今中国を中心に急速に普及するとともに、世界各国で大きな関心が寄せられています。（PART 1：1-15 参照）

一方で、顔画像や顔認証データ等の個人情報に対し、適切な管理が行われないことによるプライバシー侵害を懸念する声も上がっています。

そこで顔認証データの照合プロセスにおいて、量子暗号の技術を用いてデータ転送を秘匿化することにより通信経路上における情報の流出を防ぎ、さらに量子コンピューターをもってしても理論上情報漏えいが不可能となるデータの保管、管理手法が構築されることで、プライバシー保護やデータの安全性を徹底する取り組みが日本においても進められています。このように、高度な理論と技術によって登場した量子コンピューターと量子暗号は、私たちの経済社会の中で少しずつ実用化に向けた一歩を踏み出しています。

1-3

行動履歴情報

》行動履歴情報の普及

GPSの普及により、スマートフォンや自動車など、モノの所在（いつどこに存在していたか）に関する位置情報の収集が容易になりました。携帯電話の基地局情報（在圏情報）をはじめ、ICカードの利用を通じて記録される鉄道、バスの乗降履歴やショッピングによる購買履歴なども、対象の駅、停留所や店舗を特定することができることから、広い意味で位置情報といえるでしょう。こうした位置に関する情報や、インターネット上のECサイトへのアクセス履歴が集積されたCookie情報、電化製品等の使用データといった行動履歴情報は、様々なモノの所有者の行動を把握できることから、数多くのビジネスに活用されています。

》行動履歴情報の利活用

行動履歴情報は、利用者にとっても利便性の向上につながるようなサービスに活かすことが可能です。

行動履歴情報を用いた実際のサービス事例

①携帯電話の位置情報を活用した、目的地までの経路案内サービス
②家庭用電化製品の使用履歴を活用した、遠隔地に在住する家族の安否確認サービス
③家庭用調理器具の使用データ（食物摂取履歴）の内容に合わせた、運動提案などの健康管理サービス

また新型コロナウイルス感染症（COVID-19）が世界各国や地域で広がりをみせた際には、いわゆる陽性者との接触情報を追跡するための接触確認アプリが開発され普及が促進されるなど、公衆衛生や企業における従業員管理の観点でも活用が広がりました。

こうしたサービス提供を受けるにあたっては、利用者は自身に関する情報

をサービス運営者に提供することが前提となります。

》行動履歴情報＝個人情報か？

法律上、個人情報は「個人に関する情報であって、他の情報と容易に照合することができ、特定の個人を識別することができるもの」に該当します（個人情報保護法第２条第１項）。そのため、行動履歴情報自体は、それ単体では個人情報とはいえませんが、令和２年改正法にて新設された「個人関連情報」（個人情報、仮名加工情報、匿名加工情報には該当しない個人に関する情報）に該当します。個人関連情報は、その他の情報と紐づけることで特定の個人を識別できる場合に個人情報とみなされます（同法第２条第７項）。

なお、EU 一般データ保護規則（GDPR）では、日本の個人情報保護法とは異なり、情報単体でも個人情報となりうることが明示されています。

》個人情報 / プライバシー保護との関わり

行動履歴情報の活用は、利用者の便宜を図るサービス提供につながる一方、企業サイドにとっては、同情報および他の情報と組み合わせての行動追跡が可能な状況を生み出しています。利用者の想定しえない分析を通じてもたらされるターゲティング広告などに対するプライバシー侵害への不安等が、これまでも問題視されてきました。

さらに近年、スマートフォン等の端末を介してのSNS、動画共有、ニュース検索といった利用者向けのサービスが増加しており、それに伴って同サービスを通じたプラットフォーム事業者による利用者情報の収集（利用者の端末からの外部送信）も増加傾向にあります。こうした状況を背景に、2023年６月に改正施行された電気通信事業法では、Cookie 等、利用者に関する情報を収集する際の「外部送信規律」が新設されました。

本法の適用対象となる企業には、自社サービスにおける情報の取扱いに対する安全性や信頼性をアピールするべく透明性を高める取り組みが求められることになります。

1-4
スマートスピーカー

》スマートスピーカーの登場

スマートスピーカーとは、音声対話型のAI（人工知能）アシスタント機能を備えたスピーカーのことであり、日本国内では別名AIスピーカーとも呼ばれています。2014年に米国のIT企業が一般消費者向けに製品を発売し、スマートスピーカーの存在は広く知られることとなりました。

スマートスピーカーは、使用者がデバイスに話しかけることで、AIアシスタントが音声を自動で認識し、キーワード検索や今日の天気の案内、ECサイトでの買い物、音楽などメディアの再生、家電の操作など様々な役割をこなしてくれます。今まで手動で行っていたこれらの作業をより早く、手軽に行うことを可能とするスマートスピーカーは、日常生活・ビジネスの両面で活躍の場が急速に広がっています。

》スマートスピーカーの仕組み

スマートスピーカーには音声認識と自然言語処理という2つの技術が主に使われています。これらの技術を用いて、スマートスピーカーは以下のような流れで処理を行い、ユーザーへ様々な機能を提供しています。

■スマートスピーカーの処理の流れ■

①音声データをテキスト化する（音声認識）。
②音声テキストをクラウドAIアシスタントへ送付。
③AIアシスタントが音声テキストを理解する（自然言語処理）。
④AIアシスタントからの応答を音声として出力。

》個人情報／プライバシー保護との関わり

現在ビジネスの場において、例えばスマートスピーカーが収集した顧客の

▌スマートスピーカーの仕組み▐

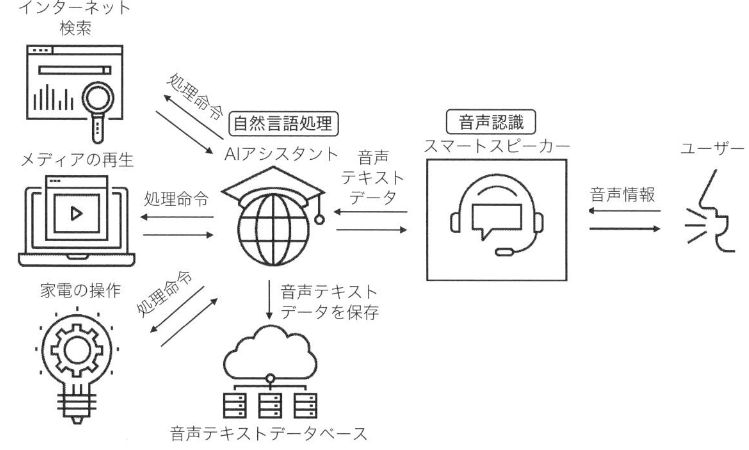

声から感情を推測し、営業活動に活かすなど様々な試みがなされています。しかし、スマートスピーカーがユーザーと音声でやりとりする情報の中には、個人の生活に関する情報が含まれており、その活用には注意が必要です。

多くのスマートスピーカーは、収集する一連の音声テキストデータを匿名化したものを履歴として保管・蓄積しています。これらのデータは主にAIの「学習」のために利用されています。中にはAIアシスタントを介して入手したデータを人が聞いて確認し、今後AIアシスタントが命令を判断するために必要な評価や学習を行うといったことも含まれています。

このAIの「学習」のための音声データ収集について、情報漏えいの懸念や第三者に聞かれたくない情報まで収集されることによるプライバシーリスクの議論が継続的になされています。複数のスマートスピーカー提供事業者は、懸念に対応するための機能（例：ユーザーに情報提供可否を選択する機能を設ける）の実装を進めています。

こうしたプライバシー配慮のための企業の取り組みは、今後も、新たに生じるリスクへの懸念に応じる形で、これまで以上に継続されることが見込まれます。

1-5

コネクテッドカー

》コネクテッドカーとは

コネクテッドカーとは、ICT端末としての機能を持つ自動車のことを指します[1]。車に搭載されたセンサーによって取得した、車両の状態や周囲の道路状況などといった様々なデータを、ネットワークを介して集積・分析することで、道路の混雑状況を把握し最適なルートを取得することや、車両トラブルが発生した際に自動的に保険会社などに連絡を行うといったサービスを実現します。ネットワークと常時接続されることによって、車と周囲環境が接続され最新情報を把握することで、ドライバーにとって最適な提案を受けることでき、今後もさらに様々なサービスが期待されています[2]。

》コネクテッドカーにつながるテクノロジーの変遷

コネクテッドカーにつながるテクノロジーは、悪化する交通渋滞を減らすため、路車間通信（車両とインフラ設備（路側機等）との通信）を通じて経路誘導を行う「自動車総合管制システム」が1970年代に日本で導入されたことから始まります。

1996年からは、国の戦略の一環として、渋滞や交通規制といった情報を車に送信し、その情報がカーナビのルート検索や渋滞表示などに使用されている「VICS（道路交通情報通信システム）」と、高速道路で使用されている「ETC（電子料金収受システム）」の2つが開発、実用化されてきました。

そして現在では、より多くの情報をやりとりすることで、利便性を高めよ

1 総務省Webサイト「平成27年版情報通信白書　特集テーマ『ICTの過去・現在・未来』第2部 ICTが拓く未来社会（2015年）」（https://www.soumu.go.jp/johotsusintokei/whitepaper/ja/h27/html/n0000000.html）
2 ナビクルWebサイト「コネクテッドカーって何？　メリット・懸念点をわかりやすく解説」（2023年1月12日）（https://www.navikuru.jp/articles/knowledges/561/）
3 テレマティクスとはテレコミュニケーション（通信）とインフォマティクス（情報処理）とを組み合わせた造語のこと。

▌コネクテッドカーが実現するサービス▐

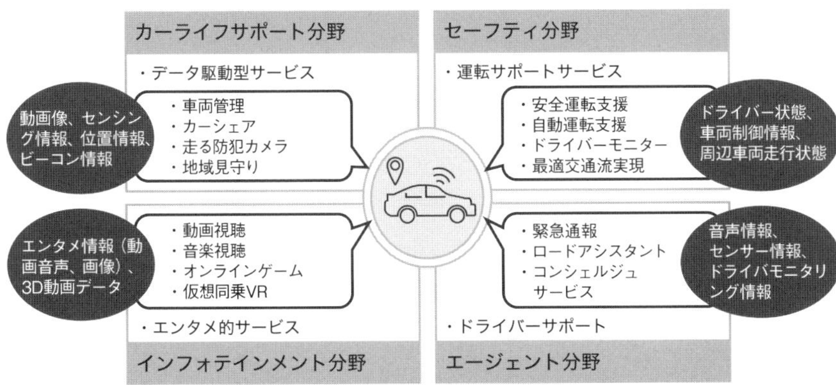

出所：総務省 Web サイト「Connected Car 社会の実現に向けた研究会（2017 年）」（https://www.soumu.go.jp/main_sosiki/kenkyu/connected_car/index.html）より加工

うと運用が進んでいるのが「テレマティクスサービス」[3]です。車両などの移動体に通信機能を搭載することで、カーナビ地図の更新、走行履歴の管理、現在位置の把握、診断と故障の通知、盗難車両の追跡等を扱い、路車間だけでなく、歩行者やネットワークといった対象とも通信することで、様々なサービスを実現することが可能となりました。今後5Gの実用化によって、コネクテッドサービスはますます充実したものとなることが予想されます。

》個人情報 / プライバシー保護との関わり

コネクテッドカーでは、移動経路情報、位置情報、運転特性をはじめ、ドライバーの生体情報（脳波、血圧、脈拍など）といった様々なパーソナルデータを取り扱うようになることが想定されるため、これらのデータの利活用にあたってはユーザーへの十分な説明と理解が求められます。このように、コネクテッドカーの普及には、プライバシーやセキュリティを適切に確保することによって、収集される多種多様な情報を安全かつ安心して利用できるような環境を整えることが不可欠であり、それが社会の健全な発展を支えるインフラを形成し、様々なサービスを実現していくことにつながります。

1-6

電子レシート

》レシート情報の管理

私たちは日頃ショッピングをして会計を済ませる際に、通常は紙のレシートを受け取っています。レシートはレジでの精算ごとに1枚発行されますので、異なる店舗で複数の買い物をすればその分だけレシートも増え、財布の中に溜まっていきます。私たち消費者にとって、いつどこでどのような買い物をしたのかはレシートを広げれば確認することができますが、その枚数が多いと財布も膨らんだり、数あるレシートの中から時間をかけて買い物情報（購買履歴）を探し出したりという管理上の手間が発生しがちです。

》電子レシートとは

電子レシートは従来紙で発行されていたレシートを電子化し、スマートフォンでレシートの中身を見ることができる仕組みです。消費者はあらかじめ電子レシート用アプリをダウンロードし、買い物の際にアプリをレジに提示することにより、会計終了後にレシートデータをアプリ経由で受け取ることができます。2018年から経済産業省が実証実験を行い、すでに一部の事業者や店舗で実用化が進んでいます。

》電子レシートに期待される効果

消費者は受け取った電子レシートの内容をいつでもどこでもスマートフォンで見ることができますので、財布がレシートで膨らむことも保管に苦労することもありません。また、取得したレシートデータを他のアプリと連携させることにより、例えば家計簿アプリを通じた支出内容の整理・分類や分析などもスマートフォン上で可能となります。

一方の事業者側としては、これまで事業者や店舗ごとに分かれていた購買履歴情報を、飲食店をはじめコンビニエンスストアやドラッグストアなど

電子レシートによる購買履歴データの利活用

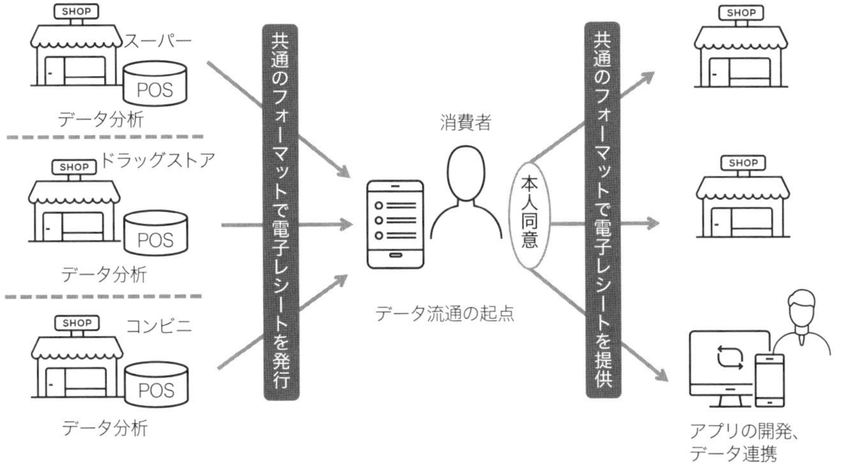

スーパー
POS
データ分析
ドラッグストア
POS
データ分析
コンビニ
POS
データ分析
共通のフォーマットで電子レシートを発行
消費者
データ流通の起点
本人同意
共通のフォーマットで電子レシートを提供
アプリの開発、データ連携

出所：経済産業省「電子レシート実証実験の結果概要」（2018年6月）（https://warp.da.ndl.go.jp/info:ndljp/pid/11713225/www.meti.go.jp/press/2018/06/20180629001/20180629001-1.pdf）（国立国会図書館「インターネット資料収集保存事業（Web Archiving Project）」webサイト）より加工

様々な業態から共通のデータフォーマットにより入手することで、多様な消費者行動を分析することができ、新商品の開発や販促活動、必要十分な品ぞろえなど自社のマーケティングに役立てることができるようになります。

》個人情報 / プライバシー保護との関わり

今後電子レシートが普及していく上で留意すべき点として、個人が特定されるようなデータ提供は回避する必要があります。そのためにはレシートデータの中の個人情報に関わる属性項目をマスキングできる機能がシステム上組み込まれることも重要です。さらに、個人情報には直接該当しない場合であっても、電子レシートを通して蓄積される購買履歴データからは、買い物をするエリアや時間帯などの情報をはじめ商品に対する嗜好など、本人のプライバシーに関わる傾向が推測できるため、提供にあたっては消費者が自らデータを選別し、提供の可否について判断した結果を受けて事業者が利活用できるような仕組み作りも欠かすことができません。

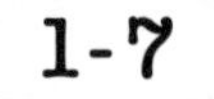

メタバース

》仮想空間の進化

2010年代後半から急速に普及が始まったVR（仮想現実）では、専用の端末を使ってユーザー個人がオンライン上に作成された仮想空間の中で様々な体験をすることが可能になりました。このVRという技術はさらに発展し、個人としての空間は不特定多数が共有する空間、すなわちメタバースとして進化を遂げる状況に至っています。

》メタバースとは

メタバースには今のところ明確な定義はありません。経済産業省の調査報告書[1]では、「一つの仮想空間内において、様々な領域のサービスやコンテンツが生産者から消費者へ提供」される場所、といった説明がされています。言い換えると、メタバースはインターネット上に用意された仮想空間において、人々が各種サービスの授受やイベント等を通じて交流を図ることができる三次元の仮想世界ということができます。

2020年以降、世界的なパンデミックによって大都市のロックダウンや外出自粛を余儀なくされる中、現実世界での人々の交流が遮断されるようになった社会環境が、メタバースの加速化をもたらしたともいえます。

》メタバースで実現できること

メタバースの特徴は、自分自身のアバター（仮想世界における自分の分身）というキャラクターを作り、そのアバターが仮想世界の中を移動し、様々な体験をすることで、他人のアバターとのコミュニケーションを図っていく点にあります。

1　経済産業省Webサイト「仮想空間の今後の可能性と諸課題に関する調査分析事業報告書」（2021年7月13日）（https://www.meti.go.jp/press/2021/07/20210713001/20210713001.html）

■メタバースのイメージ図■

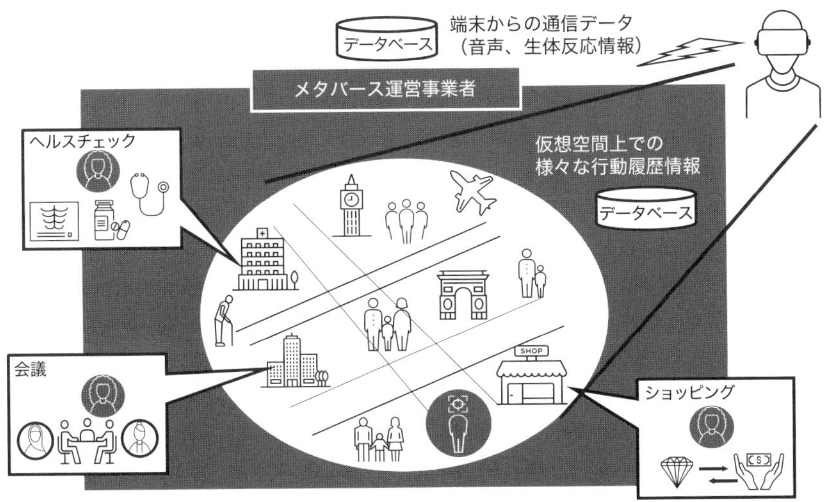

具体的には、バーチャル上で仮想世界を観光したりショッピングを楽しんだりすることはもとより、現実世界では遠隔地にいる人たちと同一の仮想空間に集合してリアルタイムでライブ、スポーツ観戦などのイベントに参加することもできます。またビジネスの世界では、アバター同士で商談を行ったり、オンライン会議の中で複数のアバターが身振り手振りを交えながら、また仮想空間上のボードに文字を書きながら意見交換したりといったインタラクティブなコミュニケーションを図ることも可能となります。

》個人情報／プライバシー保護との関わり

このように、メタバースは現実の世界とは別の仮想空間でありながら、近い将来、両世界は接続するたびに同期をとるようになり、時間的にも情報面においても同時進行することで常時密接につながった状態に近づいていくことが予想されます。

その場合、アバターというキャラクターはよりリアルな本人に近づいていくことになり、メタバースを運営するプラットフォーマーは、本人が装着した機器やセンサーを通じて様々な個人情報（位置情報、眼や身体の動きといった生体反応、心拍数などの健康情報、等々）を収集していくことが考えられます。さらに、本人がメタバース空間の中で体感するバーチャル体験の最適化を図るためには、個人ごとの趣味・嗜好、さらには資産情報なども取り込んでいく可能性があります。

日本初メタバースの発展を目指す日本企業数社が参加するコンソーシアムが公表したメタバースの運用、利用におけるガイドライン（2023年7月改訂版）[2]にはユーザーデータの収集や法律上の個人情報には該当しなくともプライバシーに配慮すべき情報（ユーザーの検索履歴等）、個人情報の保護に関する内容が含まれています。

メタバースがリアルの世界に近づけば近づくほど、両世界を行き来する情報の流通量は膨大となり、データの保護や適切な情報管理がこれまで以上に不可欠となる状況が訪れるでしょう。

コラム

プライバシーテックとは？　―その活用と課題

事業者に求められるプライバシー関連業務、例えば個人情報の特定やマッピング、利用者の同意の管理、データ要求の履行などの業務のサポートをテクノロジーで実現する「プライバシーテック」が増えてきました。これらは主に海外のスタートアップ企業にてサービス提供されており、日本ではまだ導入が十分に進んでいない状況です。

プライバシーテックサービスによるマネジメントツールを導入することにより、事業者は自動化による手作業の負担軽減、情報の一元化・可視化、最新の法令等に対応した業務の導入といったメリットの実現が期待できるようになります。

しかしながら良いことばかりではなく、プライバシーテックサービスを導入するまでには多くの検討課題を乗り越える必要があります。

2　バーチャルコンソーシアム「バーチャルシティガイドライン v2.0.0」（2023年7月20日）（https://shibuya5g.org/research/docs/guideline.pdf）

1つには、導入すべき業務の選定が挙げられます。プライバシーテックサービスは複数の業務モジュールが提供されているため、事業者にとって必要な業務のみを選択し組み合わせて導入する必要があります。費用対効果を踏まえどこからどこまでを手作業にすべきか、それともツール化すべきかの検討をした上で、今後発生する運用負荷も見込んでおく必要があります。

また選定時には、プライバシー関連業務のナレッジ・ノウハウをどこまで事業者内に残すべきかといった点も併せて検討する必要があるでしょう。ツール化することによる利便性の向上と引き換えに、過度なツールへの依存は業務そのものに対する理解力や組織の自立対応力を弱めてしまうおそれも含んでいるためです。

選定の際に考慮することが望ましい事項をいくつか紹介します。

まず、なぜプライバシーテックサービスを導入する必要があるのか、目的を明確にすることです。もしこの部分をはき違えてしまうと、ツールを導入することありきの「手段の目的化」が発生してしまうおそれがあります。

次に、プライバシーテックサービスの導入は全社的な取り組みであることを前提に置くという点です。プライバシー担当部門やIT部門のみでプライバシーテックサービスの導入を進めたものの、事業部門に利用してもらえずにいつまでも代替対応としての手作業が残ってしまうということにならないよう、導入検討の際には様々な部門関係者を巻き込みながら推進することが望ましいでしょう。

このような背景から、社外の専門家にPMO（Project Management Office）の役割を担ってもらい、プライバシーテックサービス導入プロジェクトを推進することも、効果を上げるための一案であると考えられます。プライバシーテックはまだ誕生してからの歴史が浅く、ナレッジを容易に取得することができない状態にあることから、社内リソースのみでプロジェクトを推進しようとすると、かえって遠回りしてしまう事態に陥ってしまうかもしれません。

プライバシーに関する問題について能動的に対応し、消費者やステークホルダーに対して積極的に説明責任を果たすことが社会から求められている昨今、プライバシーテックサービスの導入においても経営戦略上の重要課題として取り組む「プライバシーガバナンス」の視野を持った検討が求められるといえます。

1-8 日米デジタル貿易協定

》日米デジタル貿易協定とは？

日米デジタル貿易協定は、ソフトウェアや動画、画像等のデジタルプロダクトの電子的取引を対象に、円滑で信頼性の高い取引を促進することを目的として日米間で締結された協定であり、2020年1月に発効しています[1]。

本協定では、自由な流通、データ保護の2つの観点からルールが定められ、その多くは、同じく経済自由化を目的として2016年2月にAPAC地域の12ヵ国が参加を署名した環太平洋パートナーシップ協定（TPP）を踏襲しています（2023年6月現在、米国はTPPに参加していません）。さらに、TPPの規定を強化する内容（第17条）や、SNSに関する新しい要素（第18条）も盛り込まれています。

▌日米デジタル貿易協定の主な規定▐

分類	No	内容
デジタルデータの自由な流通を促進するための規定	1	デジタルプロダクト（コンピュータ・プログラム、映像などのデジタルコンテンツ等）に対する最恵国待遇（第三国より不利な待遇を与えない）（第8条）
	2	関税賦課の廃止（第7条）
	3	国境を越えるデータの流通に制約を設けない（第11条）
	4	コンピュータ関連設備の自国内での利用・設置（データ・ローカライゼーション）要求の禁止（第12条および第13条）
デジタルデータの適切な保護を確保するための規定	5	個人情報保護に関する法令の整備（第15条）
	6	ソース・コード、アルゴリズムの保護（企業に対し国が開示請求を行うことは原則禁止）（第17条）
	7	SNSに投稿された内容に対するサービス運営事業者の責任の限定（第18条）
	8	暗号を使用する製品に対し、国が暗号アルゴリズム等の開示請求を行うことは原則禁止（第21条）

出所：参議院Webサイト「日米貿易協定及び日米デジタル貿易協定をめぐる国会論議」（2020年5月1日）（https://www.sangiin.go.jp/japanese/annai/chousa/rippou_chousa/backnumber/2020pdf/20200501052.pdf）をもとに加工

》デジタル貿易協定をめぐる各国の動向

日本は、プライバシーやセキュリティ、知的財産権に関する信頼を確保しながら、国際的に自由なデータ流通の促進を目指すべく、2019年のダボス会議で安倍首相（当時）がDFFT（Data Free Flow with Trust：信頼性のある自由なデータ流通）を提唱するなど、グローバルな枠組みでのデータ流通を目指してきました。

しかし、自由なデータ流通を志向するアメリカ、プライバシーやデータ保護を重視するEU、国家主権に基づくデータ管理を主張する中国など、各国の立場は異なります。そうした中にあって、本協定にとどまらず自国が貿易の主導権を握るために、各国との協調やライバル国への対抗を図ろうとする動きが世界のあちこちで活発化してきている状況です。

》個人情報/プライバシー保護との関わり

本協定は、個人情報に限らず広くデータを対象としていますが、個人情報保護に関する法令整備（第15条）についても規定されています。特に越境データの自由な流通やデータ・ローカライゼーション（重要なデータに対し、その取扱い、保存を自国内にとどめることを求める考え方）の制限など、本協定をはじめとするデータ流通に関するルール形成の輪は広がっており、デジタル経済社会における個人情報の適正な流通や国際間での共有の在り方にも影響を与えています。

1 外務省Webサイト「デジタル貿易に関する日本国とアメリカ合衆国との間の協定」（2020年1月1日）（https://www.mofa.go.jp/mofaj/ila/et/page3_002912.html）

1-9

巨大IT規制

》デジタルプラットフォームの特徴

デジタルプラットフォームはビジネス取引や個人同士のコミュニケーションをオンラインで実現するためのシステム基盤もしくは環境であり、様々な業種、業態で見られるサービス形態です。デジタルプラットフォーマーと呼ばれる事業者と消費者の双方が参加している両面市場である点が、特徴として挙げられます。

デジタルプラットフォームはこうした両面市場に大量に散在する情報を集積して構造化し、取引のマッチング機能を向上させるため、事業者にビジネス機会を、消費者に多様な選択肢をそれぞれ提供することができます。参加者が多ければ多いほどネットワーキングの相乗効果で利便性が向上するという性質を持ち合わせていることから（例：SNSやメッセージをやりとりするサービス）、事業者と消費者の両方が1つのプラットフォームに集まる寡占状態が生じやすくなります。

寡占状態において、事業者としては競合他社の新規参入が困難となることに加え、消費者にとっても既存のもしくは新規の競合他社サービスへの切り替えが難しくなる傾向があるため、事業者にとってはサービス向上のインセンティブが働きにくくなります。こうした状況を受けてデジタルプラットフォーマーに対する競争政策上の規制が検討されてきました。

》デジタルプラットフォーマー規制法

上記の背景から、わが国では「特定デジタルプラットフォームの透明性及び公正性の向上に関する法律（デジタルプラットフォーマー規制法）」が2020年5月に成立し、2021年2月から施行されました。

本法では、政令で定められた事業区分および事業規模の基準を満たした事業者の中から経済産業大臣が指定する「特定デジタルプラットフォーム提供

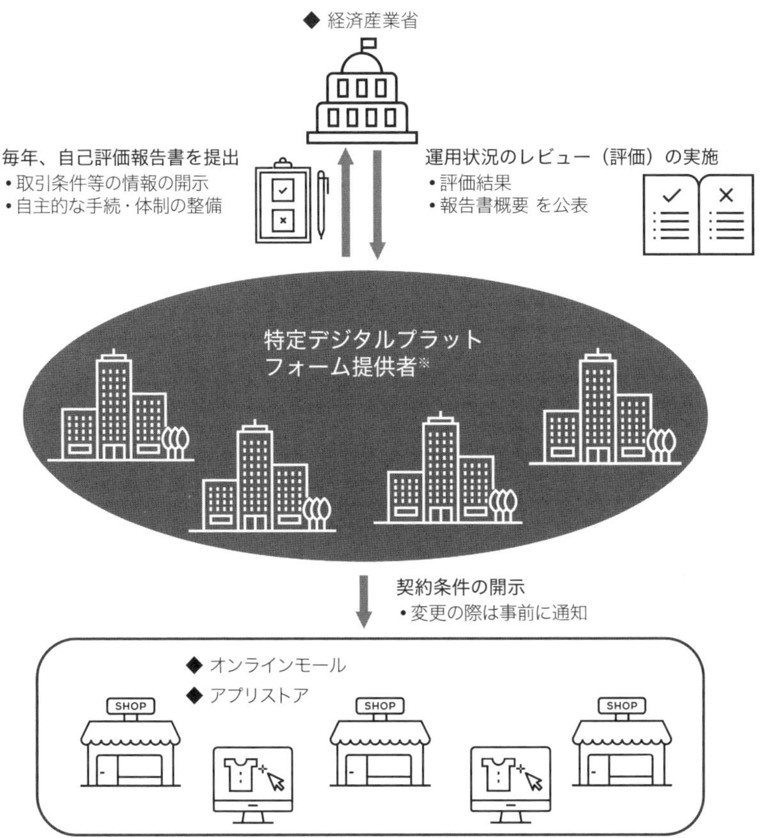

※ 特に取引の透明性・公正性を高める必要性の高いプラットフォーマー

者」に対して、利用者（出店者）に対する取引条件の開示や変更時の事前通知等を義務づけるとともに、運用状況のレポートを経済産業大臣へ提出することや、経済産業大臣が定める指針を踏まえた体制整備等を求めています。

2023年3月現在、オンラインモール、アプリストア、広告デジタル等を運営する様々な事業者が特定デジタルプラットフォーム提供者として指定されています[1]。

》個人情報 / プライバシー保護との関わり

本法では、独占禁止法違反の疑いがある場合には公正取引委員会に対応を求めることが明文化されています。

公正取引委員会は、「デジタル・プラットフォーム事業者と個人情報等を提供する消費者との取引における優越的地位の濫用に関する独占禁止法上の考え方」を2019年12月に公表（2022年4月改正[2]）しており、その中では個人情報保護の観点での優先的地位の濫用の類型として、次の通り記載されています。

①利用目的を消費者に知らせずに個人情報を取得すること
②利用目的の達成に必要な範囲を超えて、消費者の意に反して個人情報を取得・利用すること
③個人データの安全管理のために必要かつ適切な措置を講じずに、個人情報を取得・利用すること
④自己の提供するサービスを継続して利用する消費者に対し、消費者がサービスを利用するための対価として提供している個人情報等とは別に、個人情報等その他の経済上の利益を提供させること
⑤その他、デジタルプラットフォーマーによる消費者が提供する個人情報等の取得・利用に関する行為が、正常な商慣習に照らして不当に消費者に不利益を与えることとなる場合

上記のうち①～③に関しては、個人情報保護法の中で規制されている内容でもありますが、④と⑤については従来の法規制では規定がなく、個人情報保護の観点からは新たに定められた追加的な措置ということができます。

また、デジタルプラットフォームが寡占になりやすいことへの対策として、公正取引委員会においてデータポータビリティ（PART 1：1-14 参照）に関する政策についても検討が進められています。

1 経済産業省Webサイト「デジタルプラットフォームを運営する事業者の方」（https://www.meti.go.jp/policy/mono_info_service/digitalplatform/provider.html）〔最終アクセス日：2023年6月6日〕

2 公正取引委員会Webサイト「デジタル・プラットフォーム事業者と個人情報等を提供する消費者との取引における優越的地位の濫用に関する独占禁止法上の考え方」（https://www.jftc.go.jp/dk/guideline/unyoukijun/dpfgl.html）〔最終アクセス日：2023年6月6日〕

コラム

生成 AI の課題と今後

インプットされた大量のデータをもとに新たな文章や画像などを生成することができる生成 AI の技術は 2022 年ごろから世界的に広がりをみせており、例えば同技術を活用した対話型 AI サービスは、ユーザーからの質問・相談に対し、あたかも人間のような自然な回答を提供できるとして急速に普及するようになりました。

一方、生成 AI の利用については著作権や倫理、品質面での課題も論じられており、個人情報保護の観点では、次のようなリスクが懸念されています。

- インプット情報に個人情報が含まれていた場合、保管時のセキュリティ侵害、他の利用者の回答に使用されることによる漏えい
- インプット情報に個人に関連する信憑性に乏しい（悪意あるユーザーによる虚偽も含む）内容が含まれた場合、個人の名誉棄損やプライバシー侵害につながるおそれ
- AI による分析・評価が個人に対する不当な差別の助長につながるおそれ

2023 年 4 月には、イタリアの個人データ当局が、同国にて米国企業が展開する対話型 AI サービスにおける個人情報の大量収集、処理が個人情報保護法令に抵触する懸念を理由に一時的に差し止めた例がありました。

こうした海外の動向を受けて、OECD では 2019 年に採択した「人工知能に関する OECD 原則」の見直しや新たな指針の策定に着手しています。また 2023 年 5 月に日本で開催された G7 サミットでは、生成 AI の規制と活用について議論され、いわゆる「広島 AI プロセス」の立ち上げによって国際的なルール作りが世界各国で始動しました。日本企業においてもすでに利用時の社内ガイドラインを整備する取り組みが始まっています。

生成 AI は、これからのビジネス社会においてだけでなく日常生活にも不可欠なツールの 1 つとして定着が見込まれるゆえに、そのリスクを適切にコントロールするための環境構築、サービス開発や利用に関する規制、ルール整備が今後さらに進められるでしょう。

1-10
デジタル課税

》デジタル課税とは

従来、国際課税の原則として、企業が海外でビジネスを行う場合は、そのビジネスの業種や形態にかかわらずその国に物理的な拠点がなければ課税されません。しかし今日では電子商取引の発達により、当該国に物理的な拠点がなくともグローバルなビジネス展開が可能となっており、課税の公平性の観点から大きな課題となっていました。

こうした物理的な拠点にとらわれない法人課税の在り方として、デジタルビジネスを展開する企業に対する新しい国際課税のルールとして「デジタル課税」が検討されてきました。

》デジタル課税ルールの合意

OECD（経済協力開発機構）では、2015年からデジタル課税の国際的枠組みについて検討を進めてきました。世界各国を巻き込んだ協議は難航し、その間にフランス、インド、イギリス、スペインなどが独自のデジタル課税を相次いで導入するなど収束を図ることが困難な状況が続いていましたが、その後2021年10月にOECD加盟国を含む136ヵ国・地域によって最終合意に至り、世界で統一的なデジタル課税のルールが2023年の導入を目指して整備されることになりました。

》デジタル課税ルールの導入に向けて

協議が難航していたデジタル課税は、新型コロナウイルスが蔓延しその対応によって財政悪化が世界各国で加速したことを背景に、大手企業に対する課税強化の高まりもあって2021年以降議論が急速に進み、最終合意にたどり着きました。今回の決定を受けて、各国は当初2023年の導入を目指し、国内での具体的な手続の整備に迫られていましたが、デジタル課税導入に向

▌デジタル課税の枠組み（2021 年 10 月最終合意）▌

項目	説明
対象となる企業	・売上高が年間 200 億ユーロ超、かつ利益率が 10%超の多国籍企業（= 約 100 社） ・金融事業、資源関連事業は対象外
課税が認められる国、地域	対象企業から商品やサービスの提供を受けている利用者が存在する国、地域
利益配分の割合	売上の 10%を超す利益（超過利益）のうち 25%部分を、対象国、地域に対してそれぞれの売上高に応じて配分する

出所：OECD Web サイト「ニュースルーム」（https://www.oecd.org/tokyo/newsroom/international-community-strikes-a-ground-breaking-tax-deal-for-the-digital-age-japanese-version.htm）〔最終アクセス日：2023 年 6 月 6 日〕

けた各国の制度設計や税法改正の調整が思うように進まず、さらにウクライナ情勢を契機とする経済の先行きへの不透明感が増大する中で、予定よりも2 年ずれ込む形で 2025 年の条約発効を目指す方向になっています。

デジタル課税に関しては、主な対象企業がアメリカの大手企業ということもあり、アメリカで得られた利益が他国に配分される中で、配分先となる先進国、発展途上国、新興国の間での利益分配に偏りが生じないかなど、ルール自体の適正性についても中長期的な観点からの議論の余地があります。

》個人情報 / プライバシー保護との関わり

デジタル課税は、実質的に対象国において大量の個人データを収集、保有し、これらを活用してビジネスを幅広く展開する事業者、すなわち検索エンジン、ソーシャルメディア・プラットフォーム、オンラインサービスなどを手掛ける企業が主な対象と考えられます。

対象企業にとってデジタル課税は、利用者の多い（すなわち取り扱う個人データの多い）国、地域に対する実質的な利益還元といえます。対象企業が取り扱う個人データの量とデジタル課税による課税額が必ずしも直結するわけではありませんが、個人データの価値を認識する上で今回のデジタル課税は一定の意義があると考えられるでしょう。

1-11

マイナンバー / マイナンバーカード

》マイナンバーとマイナンバーカード

マイナンバー（個人番号）は、「行政手続における特定の個人を識別するための番号の利用等に関する法律（マイナンバー法）」に基づき、各市区町村から住民に対し付番される12桁の番号です。日本では2016年からいわゆるマイナンバー制度が開始となり、社会保障・税・災害対策などに目的を限定した上でマイナンバーの利用が始まっています。その後、2023年6月に改正マイナンバー法が成立し、国家資格の登録・更新や自動車登録の手続、外国人の資格に係る許可などにも利用範囲が拡大されるようになりました。

一方マイナンバーカード（個人番号カード）は、マイナンバーが付番されている住民が各市区町村に申請することによって発行されるICカードです。マイナンバーは住民票があるすべての個人（住民）に対して割り当てられているのに対して、マイナンバーカードは申請した個人に対してのみ交付されるものです。2023年4月末時点でマイナンバーカードの交付率は69.8％[1]となっています。

》利用目的

マイナンバー自体は、あらかじめマイナンバー法によって取り決められた目的の中で厳格に利用されています。具体的には、行政機関、地方公共団体、独立行政法人等において各種行政事務を処理するケース、または個人番号利用事務（法定調書の作成など）のために最低限必要な書類の取りまとめ等の事務を行うケースに限定されています。なお、2023年6月の改正マイナンバー法によって、これらの事務に「準ずる事務」であれば、法改正を経ることなく政省令で規定することでその利用が可能となりました。

1 総務省Webサイト「マイナンバーカード交付状況について」（https://www.soumu.go.jp/kojinbango_card/kofujokyo.html〔最終アクセス日：2023年6月6日〕）

これに対して、マイナンバーカードは、次の表の通り、制度開始当初から少しずつ用途が広がってきています。特に2020年以降は、消費者へのポイント還元といった取り組みの効果もあり、カードの交付枚数も大幅に増加しました。

マイナンバーカードの主な用途

役割・手段	用途の説明
①マイナンバーの番号確認	券面に本人のマイナンバー（12桁の番号）が記載されていることから、マイナンバーの番号を証明する書類として
②本人確認	パスポートや運転免許証と同様に、券面に顔写真が掲載されていることから、身分証明書として
③政府が運営するオンラインサービス（マイナポータル）の利用	個人が行政手続（税金や年金情報など）の確認や行政機関からの通知を受け取る際のログイン時の手段として
④公的個人認証	カードにICチップが搭載されていることから、オンライン手続のための電子証明書として
⑤健康保険証	ICチップ内の電子証明書を使い、対応可能な医療機関および薬局で使用する健康保険証の機能として

》個人情報 / プライバシー保護との関わり

マイナンバーは個人一人ひとりに割り当てられた唯一の番号です。マイナンバー制度では、制度・システム両面で様々な安全管理措置が講じられていますが、マイナンバーを個人から収集する企業においてもマイナンバー法のもとで厳重な安全管理が求められます。

マイナンバーカードは今後も健康保険証や運転免許証との一体化やワクチンの接種証明書、各種給付にかかる手続の手段など、ますます用途が広がり普及率が高まることが期待されていますが、カードにはマイナンバーや顔写真といった個人情報も記載されています。

マイナンバーを取り扱う事業者にもマイナンバーカードを保有する個人にも、番号が不正に悪用されることがないように高い意識と適切な管理が求められます。

1-12

情報銀行

》情報銀行とは

情報銀行とは、事業者が個人との契約、すなわち個人による「包括的な同意（信託）」をもとに個人のデータを預かり、預託されたデータの第三者提供などを個人に代わって行うデータ活用サービスのことです。同サービスを営む事業者は個人のデータを管理するとともに、個人の指示やあらかじめ定められた条件に従って、これらの情報を求める事業者に対し、個人に代わり当該情報を提供します。

情報銀行の特徴として、個人の指示や条件により個人情報を他社に提供するという制約を運営事業者に課すことで、本人の知らないところで個人情報がやりとりされ、本人に不利益となるような使い方をされてしまうリスクを解消しています。

これらの情報は、個人が自らのデータを蓄積・管理するためのシステム（PDS：パーソナルデータストア）で管理され、そこから適切な事業者にデータを提供することで、本人の意図する条件でのみデータの流通および利活用を行うことができます。

さらには、個人や情報銀行等といったデータ保有者と、データの活用を希望する事業者を仲介して売買などによる取引を可能とする「データ取引市場」の整備も進められています。

こうした仕組みがインフラとして整備されることで、個人の主体的な関与のもとでより一層のデータの流通が進むことが期待されています。

》情報銀行の認定制度

情報銀行の設立は許認可制ではありませんが、消費者が情報銀行を選定する際の指標として情報銀行の民間認定制度が運用されています。現在、一般社団法人日本IT団体連盟が情報銀行の認定団体として活動しています。

■情報銀行とデータ取引市場■

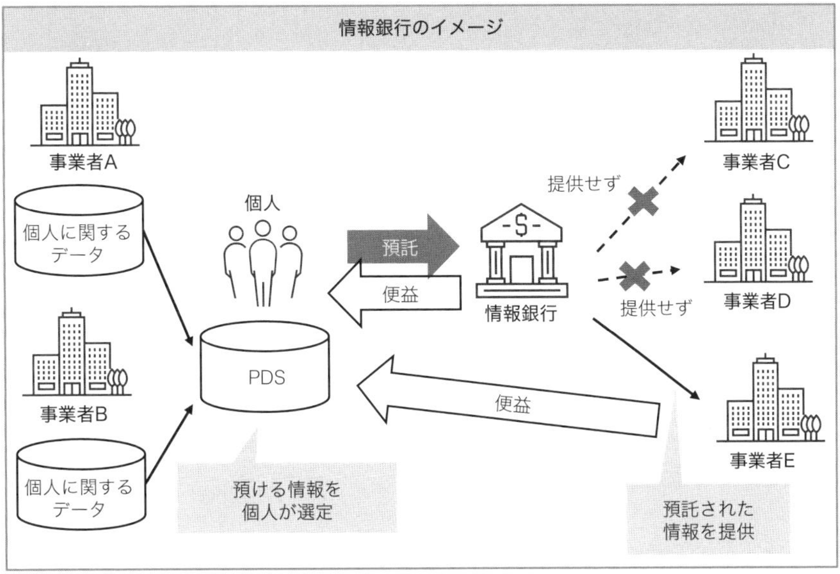

情報銀行のイメージ

事業者A
個人に関するデータ
事業者B
個人に関するデータ
個人
PDS
預託
便益
情報銀行
提供せず
提供せず
事業者C
事業者D
事業者E
便益
預ける情報を個人が選定
預託された情報を提供

出所：内閣官房 IT 総合戦略室「AI、IoT 時代におけるデータ活用ワーキンググループ資料」（2017 年 3 月 ）（https://warp.ndl.go.jp/info:ndljp/pid/12187388/www.kantei.go.jp/jp/singi/it2/senmon_bunka/data_ryutsuseibi/dai2/siryou1.pdf）をもとに加工

情報銀行の認定基準は、①事業者の適格性、②情報セキュリティ・プライバシー、③プライバシー保護対策、④ガバナンス体制、⑤事業内容の 5 分野からなります。すでに認定を受けて情報銀行ビジネスをスタートしている事業者や実施計画段階としての認定（P 認定）を受けている事業者など、2023 年 6 月時点で 3 社[1]がこの認定制度を活用して自社のビジネスを推し進めています。

》個人情報 / プライバシー保護との関わり

情報銀行は個人情報そのものが取引・流通の対象となるビジネスなので、個人情報を提供する利用者（個人）が安心して利用できるようにするため、

1 日本 IT 団体連盟 Web サイト「認定事業者一覧」（https://tpdms.jp/certified/）〔最終アクセス日：2023 年 6 月 6 日〕

個人情報の取扱いについては法規制レベルにとどまらず、より厳格な水準での管理が求められます。

一例として、情報銀行の認定基準においては、同意の撤回対応や第三者提供先からの個人情報の再提供禁止などが定められています。これらは個人情報保護法では要求されていませんが、情報銀行が社会基盤として確実に普及するための必要措置として、より高いレベルでのプライバシー保護を図ろうとしていることがうかがえます。

コラム

強化が進む企業のプライバシーガバナンス

プライバシーガバナンスの構築の重要性については、PART 3：Q3-2 にて紹介していますが、このコラムでは、プライバシーガバナンス強化に向けて企業が実践している取り組みについて３点ご紹介します。

●リスク管理や IT、セキュリティから独立した組織体制の構築

これまで企業における個人情報保護・プライバシーの取り組みは、リスク管理部門やコンプライアンス部門が、企業における様々なリスクの１つとして同分野を所管する、もしくは IT 部門が安全管理措置の推進の観点で担当するケースが一般的でした。

しかしながら、プライバシー意識の高まりに伴う同意や権利対応などへの対応強化や GDPR をはじめとする海外の法規制への対応など、取り組むべき業務量、さらには必要とされる知識の範囲が拡大の一途をたどっています。そのため、独立した最高プライバシー責任者（CPO）の指示に基づき活動するための組織（管理者、担当者）を整備し、個人情報保護に関する法律面の知識と実務経験、セキュリティへの理解等、必要なスキルを有する人材を配置する企業が増えています。

●部門単位からサービス、製品ごとのガバナンス構築へ

プライバシーリスクが生じる局面の多寡は部門により様々であり、そのため全社一律に対策を講じるのではなく、リスクの高い分野に注力しリスク特定、評価、改善を進めるPIA（プライバシー影響評価）を実践する企業が増えています。

例えば個人データの利活用に関するサービス開発のプロジェクト（3つのラインモデル（PART 2：Q2-5）における1線のビジネス部門が主導）を対象とする場合、個人情報保護の所管部門（リスク部門、IT部門などの2線）が主導してPIAを実施するケースが多く見られますが、このような状況では、サービスの早期開始を優先したい1線と、リスクの引き下げを重視する2線の立ち位置の違いによる意思決定の遅れといったコミュニケーション課題などが生じやすくなっています。

そうした課題の改善に向け、組織全体としてではなくサービスごとにプライバシー責任者、管理者を選任するなど、1線と2線の垣根を越えた体制構築が進められるようになってきています。

●リスクの可視化と確実な対策に向けたITツールの導入

GDPRにおいて、IPアドレスやCookieなどのオンライン識別子が事実上個人情報とみなされたことも契機となり、ウェブサイトにユーザーがアクセスする際の同意取得・管理のためのITツール（同意管理プラットフォーム）が、日本でも多くの企業によって採用され始めています。

加えて、各拠点、組織において個人データがどのように取り扱われているかの把握（データマッピング）や、ユーザーからの問合せ対応、インシデント管理などプライバシーに関する様々な取り組みを管理するITツール（プライバシー管理プラットフォーム）を導入することで全体を可視化し、そのリスクの重要度や優先度も把握した上で、効果的に取り組みを進めようという動きが、特に国内外に複数拠点を有する企業で活発化しています。

このように、組織におけるプライバシーリスクを多角的に特定し管理するための仕組み作りを通して、多くの企業がガバナンスの強化に向けた取り組みを進めています。

1-13
忘れられる権利

》忘れられる権利とは

「忘れられる権利」とは、インターネット上のプライバシー情報、例えば誹謗中傷や前科情報などのような、本人にとって不利益となる情報を削除させることのできる権利です。

ひとたびインターネット上に公開された情報は、誰もが自由にコピーできるため、後で本人が投稿を削除しても知らないところで急速に拡散する可能性があり、結果的にインターネット上で残り続ける場合があります。例えば前科情報を掲載した実名報道のニュースが公開されると、事件から何年経過してもその記事がインターネット上に残ったままで、本人は誹謗中傷や就職差別などの不利益を受け続けます。

そこで一定以上の期間が経過すれば、本人の申立てにより情報を削除できるようにすべきではないかという考えから、「忘れられる権利」が提唱されるようになりました。

》忘れられる権利に関する日本における事例

日本においては2017年に、「5年以上前の前科情報をインターネット上の検索結果より削除したい」として訴えた裁判について、最高裁は「削除できない」という判決を下しています。

この事例において日本の最高裁は、検索結果の削除に対し「サービスの役割とプライバシー保護を比べたときに、プライバシーを守ることのほうが明らかに大事な場合だ」という基本的な考え方を示しました。同判決では、忘れられる権利について直接の言及はなかったものの、同様の訴えに基づく2022年の最高裁判決では、本人の申立てによる情報の削除が認められました。

▍忘れられる権利に関する司法の判断▍

時期	国	内容
2011年	フランス	過去にインターネットに掲載された自身のヌード画像を削除するよう検索サイト運営事業者を提訴した結果、主張が認められ、当該事業者に対し削除命令が下された。
2014年	スペイン	自身の社会保障費滞納に関連する記事に関し、インターネット上の検索エンジンで表示されることに対する削除を求めた結果、主張が認められ、検索サイト運営事業者に対し削除が命じられた。
2017年	日本	検索サイトに表示される自身の過去の逮捕歴に関する記事について検索サイト運営事業者に対し削除を求めた結果、逮捕歴は公共の利害に反するとして削除を認めない決定が下された。
2019年	EU	インターネット上の検索エンジンから個人データを消去するよう個人が要求できるGDPR上の「忘れられる権利」については、EU域外には原則として適用できないとの見解を示した。

》個人情報／プライバシー保護との関わり

EU一般データ保護規則（GDPR）の17条には、忘れられる権利が盛り込まれており、法的に保障されています。スペインやフランスでは、過去の債務に関するリンク（Google検索結果）やヌード写真などを「忘れられる権利」を理由に削除する裁判例も出ています。

一方、日本でも個人情報保護法第35条において類似の権利が定められていますが、それにとどまらずプライバシー侵害や名誉棄損の申立てとして個人情報の削除について法廷で議論されることがあります。

この先「表現の自由」と「プライバシー侵害による本人の不利益」のバランスをどのようにはかるべきかの検討が行われていく中で、プライバシー保護強化の観点から忘れられる権利について日本でも法制化に向けた方向性で議論が進むことも考えられます。

1-14

データポータビリティの権利

》データポータビリティとは

データポータビリティとは、本人が事業者に提供したデータを自身で管理し、これらのデータを自らの意思で他の事業者やサービスに移動させるなど、自由に「持ち運ぶ」ことができる仕組みをいいます。

個人の権利を尊重するEUでは、2018年5月に施行されたEU一般データ保護規則（GDPR）の中で、個人データを自らコントロールできるようにするために、データポータビリティに関する権利が規定されました。具体的には、事業者に提供した自身の個人データを扱いやすい形式で受け取ることや、本人の指示により、個人データを他の事業者に移転することを求めることができる権利です。

例えば、家計簿アプリを別のサービスに切り替える際、現アプリに登録済みの個人データの移行が容易になるなど、消費者である個人にとってはサービスの選択の幅が広がります。また、データを保有している事業者の「囲い込み」から解放され、個人データの活用方法を自らの希望で決めやすくなります。このことは同時に事業者間の競争力を高め、サービス向上につながるといった効果も期待されています。

》データポータビリティの利用状況

EYとIAPP（International Association of Privacy Professionals）が調査した2019年のプライバシーレポートによると、データポータビリティのリクエストを受けたと回答した事業者（主としてEUおよびアメリカの事業者）は、10%程度でした。利用がまだ限定的となっている背景には、事業者間で個人データをやりとりするための統一フォーマットや提供サービスにかかるインフラ整備が追いついていないことも一因として挙げられます。

日本ではEUと異なり、個人情報保護法上データポータビリティ権は定め

▌GDPRにおけるデータポータビリティの権利▐

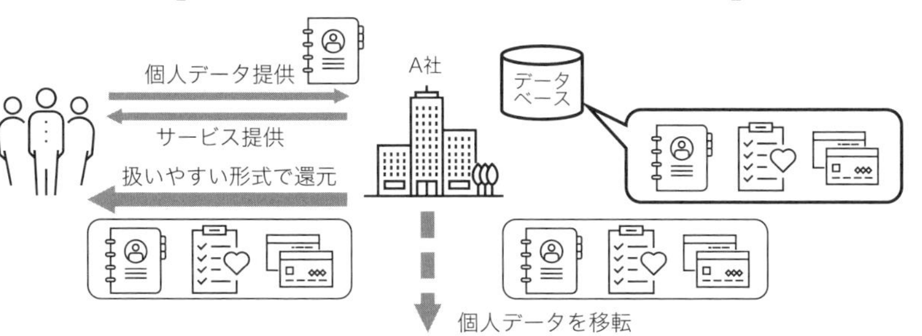

られておらず、その考え方が広く一般的に普及しているとまではいえませんが、電力、金融、医療といった特定分野においては少しずつ検討が進められています。例えば電力分野においては、サービス提供会社の切り替えにおけるデータ移行や、二次利用を目的とする事業者へのデータ提供など、消費者個人の意思での移転を可能とするような環境が整備されてきています。

また分野横断的な取り組みとしては、個人とのデータ活用に関する契約等に基づき個人データの預託を受け管理するとともに、個人の同意のもとで、同データを第三者（他の事業者）に提供する情報銀行（PART 1：1-12参照）の仕組みなども挙げられます。

》個人情報／プライバシー保護との関わり

GDPRをきっかけに注目を集めるようになったデータポータビリティは、個人情報の主体である本人に対し、自身の情報について自らコントロールできる権限（自己情報コントロール権）を与えるという点において意義のある権利であるといえます。

日本ではデータポータビリティの法制化に先行する形で環境整備が進められている状況ですが、関連サービスの多様化の中で、今後自己情報コントロール権をいかに確保した上でサービス提供を実現するかが焦点となるでしょう。

1-15

顔認証

》顔認証技術とは

顔認証システムとは、その名の通り「顔を認証して本人確認」をする技術を指します。

自身の顔をカメラに映すだけで顔の特徴をもとに本人確認できるため、認証を受ける人の負担が少ないことがメリットとなります。このような「人（生体）の特徴」を使って個人を特定する技術は他にもあり、指紋認証や声紋認証といった方法が存在します。これらはまとめて生体認証（バイオメトリクス認証）とも呼ばれ、身近なものではスマートフォンのロック解除や搭載アプリケーションのログインなどに活用されています。

顔認証技術の利活用ケース

■入退室管理■ ・オフィス ・工場	■来訪者の探知■ ・店舗施設 ・ホテル	■受付■ ・アミューズメント施設 ・医療機関
■支払決済■ ・銀行 ATM ・飲食店		■なりすまし防止■ ・受験会場 ・イベント会場
■行動解析■ ・来店者のマーケティング ・駅構内の人流	■端末の認証■ ・ロック解除 ・アプリへのログオン	■監視・見守り■ ・犯罪の検知 ・迷子、徘徊の発見

顔認証システムの仕組みにはディープラーニングを使った高度なAI（人工知能）が使われており、画像や映像から個人の顔を検出してAIが認証を行います。近年では、マスク着用に特化した顔認証エンジンも開発されています。顔認証は目、鼻、口などの位置や形、大きさなどの特徴点を抽出し照

合を行いますが、本エンジンはマスクで覆われていない目の周辺に重点を置いて特徴点を抽出、照合します。マスク着用時であっても認証までのスピードや認証精度は遜色ないくらいまでに向上しており、ポストコロナ時代の新たな技術として注目を集めています。

》個人情報／プライバシー保護との関わり

様々な局面において活用が進む顔認証の技術ですが、一方でプライバシーへの配慮についても目を背けることはできません。

一例として、監視カメラは日本に400万台以上設置されているといわれています。収集された画像は、従来の防犯、防災目的にとどまらず、匿名化処理を行った上でマーケティング利用などにも活用されています。東京都の公的機関が設置したネットワークカメラで取得された画像は、「人がどこにどれくらい滞在しているか」や「群衆行動を解析する」といった用途でも活用されています。

また、不特定多数の人の顔情報を自動で照合し、特定の人物を検知することも可能であり、万引き犯の検知に顔認証技術が活用される例もあります。

こうした中、日本弁護士連合会は2021年9月に、民間や行政で利用されている顔認証技術を活用したシステムに関して、不特定多数者に対する利用について、市民のプライバシー権が不当に侵害されることのないよう法的な規制を求める意見書を国に提出しました。同意見書では利用の要件として、①許容する明確な法律の存在、②同意していない者に対して顔認証システムは適用しない、③同意に任意性を設ける、④設置者は個人情報保護委員会に届け出を行う、といった項目を提言しています。同連合会は2021年11月には、鉄道事業者における顔認証システムの利用中止を求める会長声明を、また2022年9月には、顔認証システムの利用に厳格な設置・運用条件の設定を求める決議を公表しました。

顔認証技術の発達によって高まる社会の利便性とプライバシーへの配慮との適正なバランスが、今後ますます求められることになります。

1-16

AI 規制法案

》AI の台頭

21 世紀に入り、AI（人工知能）の市場規模は急速に拡大し、多くの企業において新規ビジネスのスタートアップや業務効率の向上など、数多くの局面で導入、活用が進んでいます。日々進化を遂げる AI が様々な社会課題を解決するためにどう活用されていくか、あるいは産業の発展に向けて AI をどのように役立てていくかなど、AI の積極的な利活用に期待が向けられる一方で、これまで人間が果たしてきた役割が AI に置き換わることによって、新たに生み出されるかもしれない格差や差別、セキュリティやプライバシーの侵害、さらには人類の存在を脅かすのではといった懸念も議論を呼ぶようになってきました。

》EU による AI 規則案

AI の導入に対し先進的に取り組んできた大手企業の中には、自主規制として AI に関する倫理ガイドラインを策定し、統一的な方針のもとで AI 利用にかかるビジネス運営を推し進めているケースも見受けられます。そのような中、EU の欧州委員会は 2021 年 4 月に「AI の利用に関する規則案（Proposal for a Regulation laying down harmonised rules on artificial intelligence、Artificial Intelligence Act）」を公表し、AI が引き起こす可能性のある各種リスクから個人の権利を守るために企業が遵守すべき取り組みについて、拘束力を伴う制限事項を取りまとめました。

この AI 規則案では、利用目的に応じてリスクの度合いを分類し、それぞれのリスクに応じて規制を定めています。すなわち、AI の利用によって個人の安全や基本的人権が脅かされるような事態が発生するような場合には、本規則案に沿った対応を通じて、人々が AI 社会の中でも安心して生活できる環境を整えることを狙いとしています。

■ AI規則案のリスク分類 ■

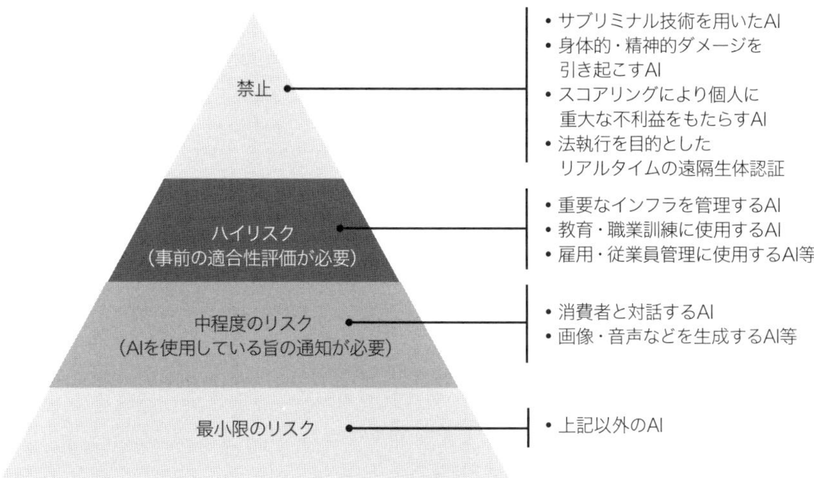

なおAI規則案はEUが定める規制ではありますが、EU域外に拠点を構える事業者であっても、EUに対しAI関連の製品、サービスを提供したり、EUから製品、サービスを利用したりする場合には適用対象となるため、日本企業であっても留意が必要です。

》AI規則案に期待される効果と懸念

本規則案を通じて、AIの利活用に対する人々の信頼を高め、さらにEU加盟国をはじめとする世界各国との間でAI規制に関する調和、統一を図ることが期待される反面、当事者となる企業からは慎重な対応を求める声が相次いで出てきています。

具体的には、本規則案が規定するAIの定義が広い点や、責任範囲があいまいである点などが波紋を呼んでおり、違反時の罰則として最大3,000万ユーロもしくは世界売上高の6％（いずれかのうち高い金額）という高額な制裁金を科されるリスクのもとで、現行の規則案を是正する必要ありとの懸念が示されています。

》個人情報／プライバシー保護との関わり

AI規則案はすでに世界標準となっているGDPR（EUデータ保護一般規則）のAI版ともいうことができ、個人データの取扱いが想定されるという意味では両規則は密接に関連しています。とりわけ顔認証などの生体認証技術を用いた警察による捜査は「受容できないリスク」として禁止され、たとえ民間企業によるAIを用いた一般的な顔認証の利用の場合であっても「ハイリスク」として事前の適合性評価を求めるなど、プライバシーの観点からは厳格な取扱いが求められています。

このように、AIの利活用は世界的に普及が進む一方で、AIに対する共通の理解やあるべき規制水準に関する議論が追いついておらず、AI規則案が最終化されるまでには、様々な意見を集約した上で、ある程度の時間をかけて十分に検討を重ね続けていく必要があるといえます。

コラム

顔認証技術を利用した警察の捜査は認められるべきか？

警察の捜査における顔認証技術の活用は、被疑者や行方不明者等の個人特定の容易性の向上、迅速化による捜査の効率化や、抑止力として犯罪の未然防止にも役立つ可能性がある一方、その活用により人々が不当な扱いを受けるリスクもはらんでいます。

●米国：顔認証技術を利用した捜査における誤認逮捕

米国では人種によって認識率が異なった顔認証技術を利用した捜査による誤認逮捕が複数発生しており、2019年5月にサンフランシスコ市が警察による顔認証技術の利用を禁止する条例を制定して以降、同様の条例が各地で制定されています。誤認逮捕された多くは黒人男性であり、識別の精度の観点から顔認証技術の信頼性の問題を浮き彫りにしました。また、顔認証技術とは直接的には関連しませんが、捜査機関が本人の同意なくパスポートや運転免許証の顔写真を入手可能であるという点も、プライバシーの観点から大きな問題となっています。

●イギリス：自動顔認証技術を利用した試験的捜査に関する判例

イギリスのウェールズでは、警察が公共の場で試験的に自動顔認証技術を利用して人物を特定したことに対して、プライバシー侵害等を理由とした訴訟が市民活動家により起こされました。サウスウェールズ警察は、試験的プロジェクトとして、2017年5月～2019年4月の間に自動顔認証システムを利用して公共の場で顔画像をスキャンし、警察が作成した指名手配犯や容疑者等を含む監視リストと照合していました。一致が検出された場合はアラートが生成されて警察が画像を確認し、一致しない場合はスキャンした顔画像を自動的に削除する仕組みでした。控訴審の判決では、①自動顔認証システムや監視リストの運用に関する詳細な規制の欠如、②事前のデータ保護影響評価（DPIA）の実施に関する不備、③自動顔認証システムによる差別・偏見の可能性に対する措置等の問題について、原告の主張が認められ、原告が勝訴しました。

リスクと有用性が交錯する中で顔認証技術を用いた警察の捜査が世間一般に受け入れられるためには、顔認証技術の精度向上という技術面の改善に加えて、捜査での活用にあたっての透明性の向上が求められることになります。例えば、捜査における顔認証技術の利用に関するポリシーやガイドラインの明確化、データの保管期間やアクセス制限などのデータの保護策、一般市民への事前説明や明示的な同意の取得、およびオプトアウトの選択肢の提供等が考えられます。捜査における顔認証技術の利用が適切に管理されるためには、個人の権利保護の観点を欠かすことはできません。

1-17

デジタル通貨

》デジタル通貨とは

近年のデジタル社会の到来とともに、通貨の在り方も多様化しつつあります。従来流通してきた現金（紙幣、硬貨）とは異なり、デジタルデータに変換された通貨のことをデジタル通貨と呼びます。代表的なデジタル通貨としては以下の3タイプが挙げられますが、ここではそのうち暗号資産（仮想通貨）と中央銀行デジタル通貨（CBDC：Central Bank Digital Currency）について取り上げて説明します。

デジタル通貨の代表例

①電子マネー
②暗号資産（仮想通貨）
③中央銀行発行デジタル通貨（CBDC）

デジタル通貨の主なタイプ

》暗号資産（仮想通貨）の登場

21世紀初頭に登場した暗号資産（仮想通貨）の大きな特徴は「特定の国家による価値の保証を持たない資産（通貨）」であることです。日本円やUSドルなどのように国がその価値を保証している通貨を「法定通貨」といい、従来紙幣や硬貨など目に見える形で存在するのが一般的です。

日本では、日本銀行が発行する日本銀行券（紙幣）、および造幣局が製造し政府が発行する貨幣（硬貨）のみが法定通貨となっており、利用面でも日常の買い物や商取引の決済や賃金などの支払いにおいて、受け取りを拒否できない強制力が法的に認められています。

一方、暗号資産（仮想通貨）は特定の国家などによって一定の価値が裏付けられているものではなく、インターネット上でやりとりされる「交換するための媒体」もしくは「電子データ」に過ぎません（物理的な実体もありません）。しかし、暗号資産（仮想通貨）は法定通貨でやりとりできるほぼすべてのこと（交換、決済、送付（送金）、融資等）が実現可能です。また、法定通貨とも交換できることが暗号資産（仮想通貨）の経済的価値の土台となっていると考えられます。

暗号資産（仮想通貨）は1万6千種類[1]近く存在するといわれており、今後さらに増加傾向にあります。一方で暗号資産（仮想通貨）の位置づけや取扱いは国によってもまちまちです。例えばエルサルバドルでは2021年6月にビットコイン法が成立し、ビットコイン自体が国の法定通貨となりました。逆に中国では2021年9月に暗号資産（仮想通貨）によるサービス提供行為を禁止することとし、これらの使用が違法であるとしています。暗号資産（仮想通貨）が世界共通のオフィシャルな通貨として認識される段階にはまだ至っていないというのが現状です。

1 日経新聞「仮想通貨、変わる勢力図　金融機能や省電力で選別」（2022年1月20日）（https://www.nikkei.com/article/DGXZQOUB12B5R0S2A110C2000000/）

》CBDC の台頭

暗号資産（仮想通貨）に対して、CBDC は中央銀行発行デジタル通貨とも呼ばれ、その名の通り国家の中央銀行が発行する通貨で、デジタル化されたデータとして存在する通貨ということができます。その特徴は以下の通りです。

CBDC の特徴

- デジタル化されていること
- 円やドルなどの法定通貨建てであること
- 中央銀行の債務として発行されること

CBDC と暗号資産（仮想通貨）との決定的な違いは、国家が発行する正式な通貨であるかどうか、という点にあります。すなわち CBDC は国家としても従来の通貨に比べて管理コストを削減することができるというメリットがあり、デジタル化によって取引の履歴をチェックすることで違法行為や不正取引を容易に発見することが可能となります。また、国民にとっても、現金の持ち歩きが不要となることで紛失、盗難のリスクを減らすことができ、入出金についてもデータ管理が可能となり利便性の向上が期待できます。

この CBDC については世界的にも関心が高まりつつあり、バハマやカンボジアでは 2020 年 10 月から世界に先駆けて導入を開始しており、その他各国でも調査・研究や開発に着手し始めています。

日本においてもデジタル社会にふさわしい決済システムの在り方の１つとして、日本銀行が実証実験を開始するとともに、大手銀行や情報通信事業者など多数の企業・団体が参加する企業連合が、ブロックチェーンを使ったデジタル通貨による企業決済の実現に向けて、小売・流通、電力、行政等複数の分野で実証実験を進めています。

》個人情報／プライバシーとの関わり

暗号資産（仮想通貨）にしろ CBDC にしろ、こうしたデジタル化された取引において不正を防止または発見するには、どのようなシステムであって

■ CBDC発行時に求められる特性 ■

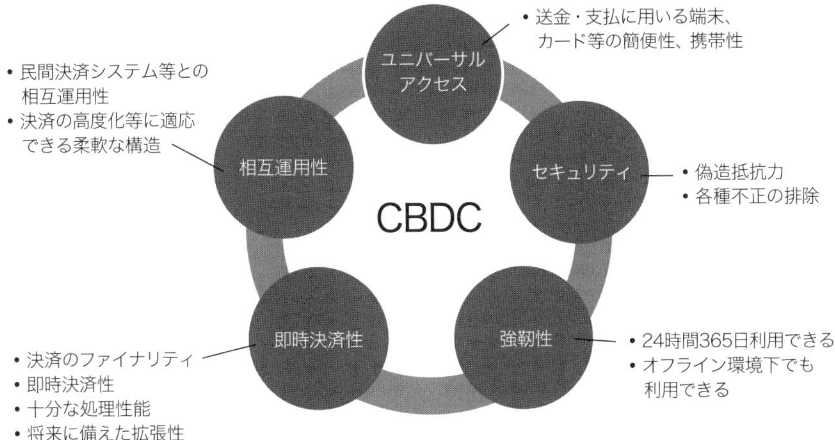

出所：日本銀行「中央銀行デジタル通貨に関する連絡協議会」（2022年5月13日）（https://www.boj.or.jp/paym/digital/rel220513b.pdf）

も誰かがそれぞれの決済取引をデータ追跡する必要性が生じてきます。

すなわち、何らかの台帳によってデジタル通貨の動きを記録する仕組みが必要となり、例えばブロックチェーン型暗号資産（仮想通貨）では、すべての取引を記載した分散型台帳がブロックチェーンによって実現されています。この分散型台帳では、すべての口座についてのすべての取引履歴が、誰でも閲覧できる状態にあるため、指定した口座の過去の取引履歴を見ることも現在の残高を算出することもできます。

むろん口座の保有者情報は公開されておらず、口座の取引履歴や残高と取引者を紐づけられないため、その意味では取引者のプライバシーは守られていることになりますが、取引に使われる口座IDのセキュリティが適切に確保されていることが条件となります。

デジタル通貨におけるシステム全体の効率性や安全性が求められる中で、プライバシーを高めるための施策がどこまで組み込まれるかが、デジタル通貨の普及にとっても重要な試金石になってくると考えられます。

PART 2

個人情報保護法制に関する
Q&A

Q 2-1

個人情報保護に対し、近年企業の注目が集まる理由は何ですか？

A

個人情報保護に関する企業の関心の高まりは、グローバル規模での傾向であり、日本でも個人情報保護法が全面施行された2005年以降から今日にかけ、企業の関心は加速度的に高まっています。

その理由としては、昨今のITの普及、進化に伴うビジネスの変遷や、社会のプライバシー意識の高まりに伴うリスク環境の変化が大きく関係しています。ここでは、それぞれの背景も含め紹介します。

1 個人情報のグローバル化、IT化による漏えいリスクの拡大

1980年にプライバシーに関する共通理念としてOECD（経済協力開発機構）理事会が採択した「プライバシー保護と個人データの国際流通についてのガイドラインに関する理事会勧告」（いわゆる「OECDプライバシー原則」）が公表されて以降、個人情報保護の必要性については世界の共通認識となりました。しかしその温度感は国によってまちまちで、かつ個人情報も書面を中心とした集約的な取扱いが中心であったため、当時はまだ喫緊の課題とまでは至らない状況でした。

20世紀の終盤においてパソコンやインターネットの普及により、個人情報がITの力を借りて国境を越え大量に流通する時代が到来しました。しかし当時は日本国内でも個人情報の取扱いに関する法規制がなく、さらに国際間での共通ルールも十分に整備されていないまま個人情報が次から次へと国をまたいで流通し、広がっていくような状況でした。そのため、ビジネスの世界でも個人情報が不適切な管理状態の中で加速的な広がりを見せることによって、例えばECサイトからのクレジットカード情報流出により経済的損失を被るなどの漏えい事案や、漏えい情報を悪用したプライバシー侵害等が

頻発し、また本人の知らないところで自身の個人情報が利用されているという状況が問題視されるようになりました。

こうした国際的なデータ流通時代の到来と、それに伴うプライバシーリスクへの懸念に直面するようになったことで、EU では 1995 年に個人情報保護法制（EU データ保護指令）が制定され、日本でも 2005 年に個人情報保護法が全面施行されるなど、世界各国で個人情報保護法制の整備が少しずつ進み始めました。

2 環境変化に伴い変化する規制

さらに 21 世紀に入って以降、位置情報や Cookie などのオンライン識別子をはじめとする個人にまつわる新たな情報の出現や、AI による分析技術の高度化等、個人情報を取り巻く IT 環境のさらなる進化に対処すべく、グローバルで法規制の強化が進んでいます。こうした中で EU は、2018 年に「EU

■個人情報保護を取り巻く環境の変遷■

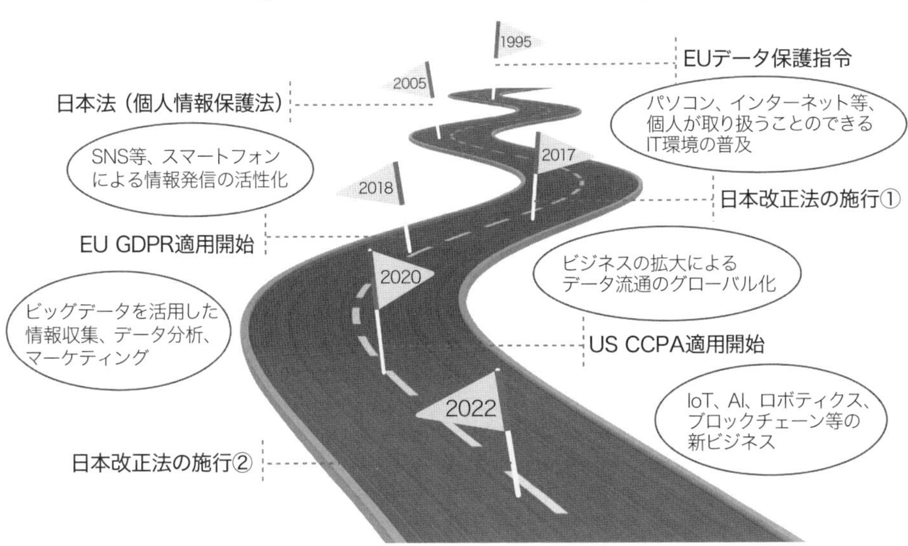

一般データ保護規則（General Deta Protection Regulation：GDPR）」の適用を開始し、日本でも2017年に改正個人情報保護法が施行されました。その他の国においても既存法制の強化や関連法令の新設が進む傾向にあります（図参照）。

3 企業のリスク管理としての個人情報保護の重要性の高まり

(1) 法令違反時の制裁リスクの高まり

規制自体の強化に加え、違反時の制裁金が高額化していることも、企業の関心が高まっている理由の1つです。GDPRの違反時の罰則規定（2,000万ユーロもしくは企業における全世界売上高の4%の高いほうを上限）は、ビジネス規模に関わらず売上高に影響を及ぼす制裁が企業に科されることを明確にしました。

■主要な個人情報保護規制に関する比較■

国名	法令名	施行年	法人の違反時の法定罰金額（最高額）
EU	EU一般データ保護規則（GDPR）	2018年	最大で2,000万ユーロもしくは全世界売上高の4%（いずれか高いほう）の罰金
日本	個人情報保護法	2022年（改正法）	1億円以下の罰金
シンガポール	個人情報保護法（PDPA）	2011年（改正法）	100万シンガポールドル以下もしくはシンガポールにおける年間売上高の10%（いずれか大きい方）の罰金
タイ	個人情報保護法（PDPA）	2022年	最大500万バーツの罰金
ブラジル	一般データ保護法（LGPD）	2020年	5,000万レアルまたは企業グループ全体のブラジル国内の直近年間売上総額の2%（いずれか低いほう）の罰金
中国	個人情報保護法（PIPL）	2021年	5,000万元以下または前年の売上高の5%以下の罰金
米国	カリフォルニア州消費者プライバシー法（CCPA）	2020年	1件あたり2,500ドル以下、故意の違反1件あたり7,500以下ドルの罰金

こうした動きに追随して、EU 以外でも GDPR に準じた制裁金の新設や、制裁金の高額化に向けた法改正、個人に対する懲役刑の規定など、制裁の強化に踏み切る動きがグローバルベースで加速しています。

(2)「プライバシー」リスクの発生とビジネスへの影響の拡大

今や、IoT をはじめとする様々なチャネルから個人情報、個人にまつわる様々な情報が収集され、また、AI による様々な分析、利活用が可能になっています。その結果、企業における同情報の取扱いについて、個人が「きもちわるさ」や「不快感」(プライバシーを侵害された、というマイナスの感情)を覚え、さらにその声が広がることで、企業にとっては信頼度の低下など、ビジネスに影響を及ぼすリスク(プライバシーリスク)への対応について注目が集まるようになりました。

一部のユーザの SNS への書き込みをきっかけに、企業が結果的にサービス停止に追い込まれるようなケースが日本でも発生してきています。

4 利活用と保護のバランス

個人情報をはじめとしたデータがビジネスの様々な局面で利用される状況は、今後ますます増えていくことが見込まれる一方で、プライバシーや個人の権利を保護する動きも高まっていくことが予想されます。企業はこれらの調和を適切に図りながら、個人情報を取り巻く環境の変化や法規制の動向を見極めた上で、ビジネスを推進していくことが求められます。

Q 2-2

日本における個人情報保護制度について教えてください。

A

個人情報保護に関する世界初のルールとしては、OECD（経済協力開発機構）が1980年に採択した「プライバシー保護と個人データの国際流通についてのガイドライン」（OECD8原則）が挙げられます。ITの進展や情報の国際的な流通が見込まれる中で個人情報の保護に関するニーズの高まりを受けて、OECD8原則は各国が法整備を進める上での参考指標として位置づけられました。

日本においてもこの原則が土台となり、その後企業における個人情報の取扱いに関する国内の動向を踏まえ、政府内での検討部会や専門委員会による様々な検討を経て2005年に個人情報保護法が施行されることになりました。

日本の個人情報保護に関する法規制の制定の推移

1980年9月	OECD理事会勧告 ・OECD8原則を採択
1988年12月	行政機関の保有する電子計算機処理に係る個人情報の保護に関する法律 ・電子計算処理される行政機関の個人情報の取扱い
2000年10月	個人情報保護基本法制に関する大綱 ・包括的な個人情報保護に関する基本法制の骨子
2005年4月	個人情報保護法（全面施行） ・個人情報取扱事業者の義務を規定
2014年6月	パーソナルデータの利活用に関する制度改正大綱 ・パーソナルデータの安心・安全な利活用に向けた枠組み
2017年5月	改正個人情報保護法①：平成27年改正法（全面施行） ・個人情報保護委員会の新設、要配慮個人情報・匿名加工情報の新設
2022年4月	改正個人情報保護法②：令和2年改正法（全面施行） ・保有個人データの開示請求のデジタル化、仮名加工情報の新設、罰則の強化

さらにデータの利活用や越境データの促進、データ保護の強化の流れを受けて法改正を重ね、現在に至っています。

1 日本の法制度／従来の課題

(1) 包括的な基本方針のもと、官民で法律が分離

日本においては、官民を通じた個人情報の取扱いに関する基本方針が定められており、その意味では包括的な概念が示されています。しかし、いわゆる個人情報保護法では民間事業者を対象とした個人情報の取扱ルールや責務について定めており、一方の公的分野では国の行政機関、独立行政法人、地方公共団体それぞれにおいて、別々の法律、条令が整備されていました。

▌個人情報保護に関する法規制の体系▐

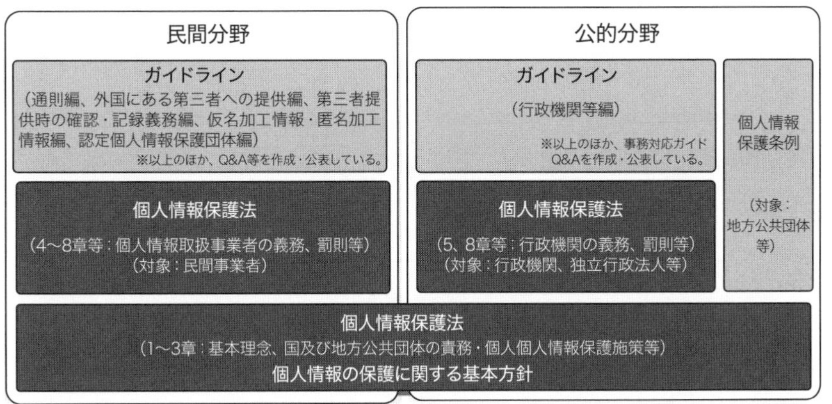

出所：個人情報保護委員会「個人情報保護に関する法律・ガイドライン等の体系イメージ」(https://warp.da.ndl.go.jp/info:ndljp/pid/12511912/www.ppc.go.jp/files/pdf/personal_framework.pdf)（国立国会図書館Webサイト「インターネット資料収集保存事業（Web Archiving Project)」）

(2) 法規制の林立がデータ流通の阻害要因に

上記で説明したように、民間事業者を対象とした個人情報保護法とは別に、国の行政機関を対象とした個人情報保護法（行政機関の保有する個人情報の保護に関する法律）や、研究機関、国立病院、国立大学等を対象とした

個人情報保護法（独立行政法人等の保有する個人情報の保護に関する法律）がそれぞれ別個に整備されてきました。

さらに、地方公共団体においては、個人情報保護に関する条例が自治体ごとに定められており、これらの法規制は、個人情報の定義や安全管理措置（セキュリティ対策）のレベルにばらつきがあって必ずしも同一ではなく、かねてから自治体における個人情報保護法規制の課題、いわゆる「2000個問題」（それぞれの個人情報保護法、各自治体の条例を合計すると2000近くの法制が存在する問題）として、個人情報の広域連携や利活用を阻害する大きな要因の1つとされてきました。

2000個問題による弊害の例

分野	弊害の例
医療分野	特定の患者が転院するような場合に県立病院と民間の医療機関で適用される条例、法規制が異なることから医療データの共有が困難となり、検査の重複や処方する薬の不効率な管理などが発生してしまう。
災害分野	震災等の災害に備え、平常時より住民の個人情報を官民で共有するためには、新たに条例を定めるか各自治体の審議会の答申を経ない限り、本人の同意手続が必要となる。

(3) デジタル改革関連法の成立

これらの問題を含め、政府はデジタル社会の形成を図ることを目的とした関係法律の整備に着手し、2021年5月にいわゆる「デジタル改革関連法」が成立し、公布されました。これによって上記で述べたような課題を抱えた個人情報保護制度は見直しが行われ、従来の法制の不均衡の是正や、国際的な調和を図るべく整備が進められています。

デジタル改革関連法の詳細については、PART 2：Q2-3において解説します。

2 個人情報保護に関する規格と認証制度

(1) JIS Q 15001

個人情報の適正な取扱いに関する要求事項を定めた規格として、個人情報保護マネジメントシステム（JIS Q 15001）があります。JIS Q 15001 自体は法律上の強制力がある規制ではありませんが、日本においては個人情報保護法の制定に先駆けて規格化された、自主規制としてのマネジメントシステムです。

JIS Q 15001 と個人情報保護法は、個人情報の取扱いに関して多くの部分で共通点がありますが、全体としては JIS Q 15001 のほうが厳格な要求事項を定めています。したがって JIS Q 15001 に準拠して個人情報の PDCA（Plan・Do・Check・Act）サイクルを回している事業者は、個人情報保護法の定めを最低限満たしているだけの事業者に比べて、個人情報保護の水準が高いと考えられます。

1998 年 4 月からその運用が開始されたプライバシーマーク制度は、1999 年に JIS 規格として採用された JIS Q 15001 を適用基準として採用し、同規格の要求事項をクリアした事業者に認定を付与する仕組みです。本制度では、事業者が個人情報の取扱いを適切に管理する体制を構築できているかどうかを第三者機関が審査した上で、定められた基準に適合していることを付与機関（一般財団法人日本情報経済社会推進協会：JIPDEC）が認定した証として、「プライバシーマーク」の使用を認めています。

JIS Q 15001 自体は 1999 年に制定されて以降 2006 年および 2017 年に規格を改訂し、個人情報保護法の改正に歩調を合わせながら多くの事業者の実務対応に活用されています。

(2) ISO/IEC 27701

ISO/IEC 27701 は、ISO/IEC 27001 および ISO/IEC 27002 のアドオン（拡張）規格として位置づけられている、プライバシー保護のための国際規格です。一般的な情報セキュリティに加えて、個人情報をプライバシー保護の観点から適正に処理するためのマネジメントシステムと要求事項について規定されています。

前述した JIS Q 15001 およびプライバシーマーク制度はあくまで日本独自

の規格、制度であるのに対し、ISO/IEC 27701はISO（International Organization for Standardization）、すなわちスイスに本部を構える国際標準化機構のもとで策定された規格として、国際的にも通用する要求事項が定められています。

この規格は2018年に適用が開始されたGDPR（EU一般データ保護規則）をきっかけに、プライバシー保護の機運が世界的に高まってきた中で、世界各国の個人情報保護の法規制に対応する包括的なマネジメントシステムのルールとして2019年8月に発行されました。

もともとISO/IEC 27001に準拠した認証制度として、ISMS（情報セキュリティマネジメントシステム）が普及していましたが、ISO/IEC 27701はその上乗せ措置という位置づけで、ISMSの認証を取得していることを前提に、PII（Personally Identifiable Information）と呼ばれる「個人識別可能情報」の適切な管理について要求事項を満たしている事業者に対し認定を付与するという制度になっています。

▌JIS Q 15001とISO/IEC 27701の比較▐

項目	JIS Q 15001	ISO/IEC 27701
規格の位置づけ	国内の規格 （国内の法規制をベースとした個人情報保護）	国際標準規格 （グローバル基準をベースとしたプライバシー保護）
保護すべき対象	組織内のすべての個人情報	適用範囲内の個人識別可能情報
管理の対象	個人情報保護に対するマネジメントシステム	PIIの処理によって影響を受けるプライバシー保護に対するマネジメントシステム
認証の範囲	全組織	必要とされる事業所、部門、サービス単位も可
認証の更新期間	2年	3年 （ただし継続的にサーベイランス審査あり）

3 個人情報のグローバル化と法制度の整備

日本の個人情報保護法は、2005 年の施行以降、個人情報を取り巻く環境の変化に応じて改正を繰り返してきています。2017 年 5 月施行の法改正（平成 27 年改正法）では、EU の GDPR が定めるデータ移転規制（第 44 ～ 46 条）に対応した国外の第三者へのデータの提供が規定され、2019 年 1 月には、双方が定めるいわゆる「十分性認定」を相互に認定し、補完的なガイドライン[1]を通じて EU および英国域内から十分性認定により移転を受けた個人データの取扱いに関して、個人情報保護に関する法令およびガイドラインに加え、最低限遵守すべき規律が示されています。

また 2022 年 4 月施行の令和 2 年改正法では、本人の権利強化（利用停止・消去等の請求権の拡充、オプトアウト規定の厳格化等、PART 2：Q2-7 参照）や個人データの越境移転にかかる規制の強化（本人同意または適正な管理水準の海外事業者への提供）が追加されました。このようにして、日本の個人情報保護に関する法規制は、GDPR のような国際的なスタンダードに少しずつアプローチすることで、全体的な水準の向上が図られている状況だといえるでしょう。

1 個人情報保護委員会 HP「個人情報の保護に関する法律に係る EU 及び英国域内から十分性認定により移転を受けた個人データの取扱いに関する補完的ルール」（2022 年 4 月）（https://www.ppc.go.jp/files/pdf/Supplementary_Rules.pdf）

Q 2-3

デジタル改革関連法とはどのようなものなのでしょうか？

A

わが国では、デジタル化が進んだ社会像の実現に向けて、かねてよりSociety5.0[1]を掲げてデジタルトランスフォーメーション（DX）の推進が叫ばれてきたものの、社会全体のデジタル化は思うように進まない状況が続いていました。こうしたDXの遅れは、新型コロナウイルス感染症の拡大に伴う政府、自治体、そして民間企業の対応状況に関しても、給付金の手続やテレワークの実践など様々な局面において数多くの課題を浮き彫りとする形となりました。

このような現状を踏まえ、特に行政の分野においてデータの利活用を進め、今後も想定される自然災害や感染症、さらには少子高齢化といった数多くの社会課題の解決に活かすために、デジタル化の促進が急務であるという危機感のもとで整備されたのが、いわゆるデジタル改革関連法です。ここでは、デジタル改革関連法が成立した背景やその内容、対応すべき課題などについて解説します。

1 デジタル改革関連法とは

デジタル改革関連法は、1つの法律を指す言葉ではなく、6つの法律を総称した名称です。いずれも、行政の分野においてデータの利活用を進め、社会課題の解決に活かすことを目的として政府内で検討が行われ、2021年5月に成立しました。

デジタル庁設置法は、デジタル社会の形成に関する司令塔としてデジタル庁の設置を規定した法律で、デジタル庁に対し国および地方公共団体の情報

1 内閣府が提唱する、日本が目指すべき社会像。IoT、AI等の技術を駆使し、経済発展と社会課題の解決の両立を目指すとされている。

デジタル改革関連法は全部で６つの法律

- デジタル社会形成基本法
- デジタル庁設置法
- デジタル社会の形成を図るための関係法案の整備に関する法律（デジタル社会形成整備法）
- 公的給付の支給等の迅速かつ確実な実施のための預貯金口座の登録等に関する法律（公金受取口座登録法）
- 預貯金者の意思に基づく個人番号の利用による預貯金口座の管理等に関する法律（預貯金口座管理法）
- 地方公共団体情報システムの標準化に関する法律（自治体システム標準化法）

デジタル改革関連法の概要

No.	法律名	主な内容	施行日
1	デジタル社会形成基本法	デジタル社会の形成に関する重点計画を作成 ・先端技術を活用したデジタル社会の形成を推進	2021年9月1日
2	デジタル庁設置法	内閣にデジタル庁を設置 ・方針に関する総合調整、企画立案 ・国の情報システムの導入、運用、管理 ・自治体情報システムの改善 ・マイナンバーに関する管理	2021年9月1日
3	デジタル社会の形成に図るための関係法案の整備に関する法律（デジタル社会形成整備法）	個人情報の保護に関する関係法律の整備 ・行政手続のオンライン化 ・個人情報保護制度の見直し	2021年9月1日
4	公的給付の支給等の迅速かつ確実な実施のための預貯金口座の登録等に関する法律（公金受取口座登録法）	公的給付の支給の迅速かつ確実な実施 ・公的給付を迅速に行うオンライン申請 ・口座情報の登録	2023年6月9日
5	預貯金者の意思に基づく個人番号の利用による預貯金口座の管理等に関する法律（預貯金口座管理法）	マイナンバーを利用した口座情報の管理 ・マイナンバーと口座情報の紐づけ	公布日から3年以内
6	地方公共団体情報システムの標準化に関する法律（自治体システム標準化法）	国と自治体の情報システム標準化、共通化 ・自治体に対し、国の基準に適合した情報システムの利用を義務付け ・主要17業務の情報システム標準化	2021年9月1日

システムの統括・管理を行うための権限が与えられています。

デジタル社会形成基本法は、2000年に成立した高度情報通信ネットワーク社会形成基本法（IT基本法）に代わり、インターネットにより普及した情報通信ネットワークのもとでデータの利活用に重点を置き、デジタル社会の形成についての基本理念を示しています。

デジタル社会形成整備法は、主として個人情報保護法の改正を通じて、地方公共団体における個人情報の取扱いのルールを一本化することや、マイナンバーカードの発行・運営体制の強化などについて規定しています。

その他3つの法律を含めたデジタル改革関連法の概要は前頁の表の通りです。

2 デジタル改革関連法が目指すデジタル社会

2020年12月に閣議決定された「デジタル社会の実現に向けた改革の基本方針」では、デジタル社会の目指すビジョンとして「デジタルの活用により、一人ひとりのニーズに合ったサービスを選ぶことができ、多様な幸せが実現できる社会」を掲げ、このような社会を目指すことは、「誰一人取り残さない、人に優しいデジタル化」を進めることにつながるとして、日本のデジタル社会を形成するための10原則を設け、これを大方針として推進しています（右図参照）。

政府が目指すのは、行政機関などが持つ多様なデータを集約、共有、分析しやすくし、新たな行政サービスや民間のビジネスに活用していくことで、国民の誰もがデジタル化の恩恵を最大限に受けることができる「人間中心のデジタル化」を実現する未来像です。

3 個人情報の利活用としての期待

デジタル改革関連法のうち、デジタル社会形成整備法においては、デジタル社会の形成に関する施策を実施するため、個人情報保護法やマイナンバー法等の関係法律について整備を行うこととしています。

デジタル社会形成における10原則

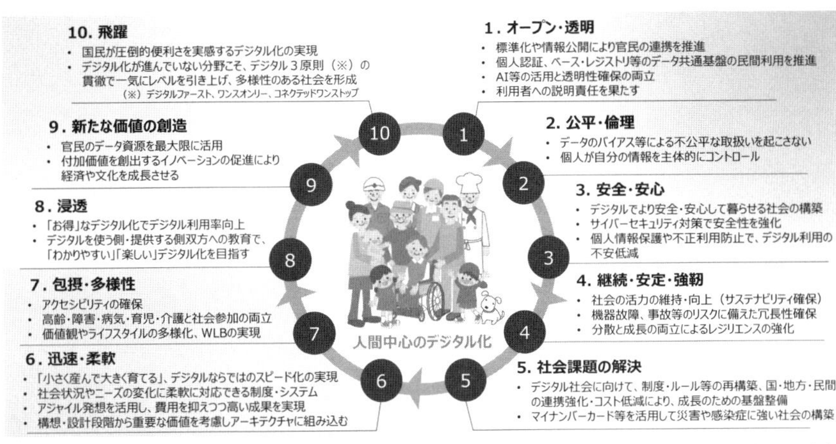

出所：内閣官房Webサイト「デジタル改革関連法案ワーキンググループ第２回資料（2021年）」（https://www.cas.go.jp/jp/seisaku/kojinjyoho_hogo/kentoukai/dai9/sankou1.pdf）

中でも個人情報保護制度の見直しに関しては、これまで民間と行政、独立行政法人で分かれていた個人情報保護の法律を一本化し、各自治体でばらつきがあった保護ルールも共通化するという見直しが図られました。すなわち、民間の事業者を対象とした個人情報保護法、行政機関の個人情報保護法、独立行政法人等の個人情報保護法という３つの法律を１本に統合するとともに、地方公共団体の個人情報保護制度に関しても全国的に共通のルールを規定し、全体の所管を個人情報保護委員会に一元化するといった取り組みが進められています。

こうした制度改革は、従来法律や条例がバラバラであったことに起因した組織間での個人情報の取扱いの差異、特に個人情報が組織をまたいで移転する際の情報共有にかかる障壁をクリアする上で、個人情報の利活用にとって有効な解決策となることが期待されています。一例を挙げると、患者等の保健医療データなども国公立の病院、民間の病院、研究機関などの間で共通のルールのもとで取り扱うことが可能となり、これによって治験・臨床研究の促進や診療精度の向上といった医療分野の発展につながることが可能となります。

4 個人情報保護としての課題

一方で、利活用を大規模に促進することは、個人情報保護、さらにはプライバシー権の保護を後退させるのではないかという懸念もあります。デジタル改革関連法の狙いの1つとして、行政機関が持つ膨大な個人データを資源とし、これらを新たな行政サービスや民間のビジネスに活用することが挙げられますが、こうしたデータの流通が進んでしまうと個人情報を一人ひとりが主体的に管理できるかといった、いわゆる自己情報コントロール権の確保についても疑義が生じることになります。

先に紹介した「デジタル社会を形成するための10原則」では、10原則のうちの1つである公平・倫理の観点から「個人が自分の情報を主体的にコントロールできるようにする」旨が明記されており、この原則・方針と政府の考える施策が相反することにならないか、あるいはどのように調和させるべきかという点が課題となってきます。

加えて、個人情報保護のルールが一本化されることの課題として、例えば機微な住民情報を持つ自治体などでは、共通化されたルールよりも厳格な取扱いが求められるようなケースも想定され、そのような場合に自治体としての独自対応がどこまで認められるのか、といった事項についても検討が必要です。こうした個別の判断を伴う状況への適切な対応が行えるのかどうかが、重要なポイントとなってきます。

さらに考えられる課題として、個人情報保護委員会がカバーする範囲の拡大が挙げられます。従来は民間の事業者が取り扱う個人情報のみが個人情報保護委員会の責任範囲だったわけですが、今回の法整備によって民間のみならず省庁や自治体を含む行政機関、独立行政法人等が取り扱う個人情報を加えたすべてにおいて、個人情報保護委員会の所管として管理・監督の対象となりました。

かつて「個人情報保護法制2000個問題」といわれたように、都道府県、市区町村、広域連合等を含めるとおよそ2000の自治体が存在する中で、こ

▌個人情報保護上の課題▐

行政機関による膨大な個人情報の集約、利活用	●個人が自分の情報を主体的にコントロールできるのか？ ・集約された個人データを一律に利活用することへの懸念 ・監視社会となりかねないことへの危惧

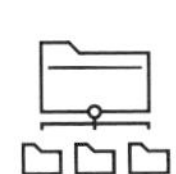

個人情報保護制度の共通ルール化	●自治体が独自に制定した個人情報保護ルールが白紙になり、プライバシー保護の水準が低下しないか？ ・人種、思想などの要配慮個人情報 ・生活保護者・DV被害者のような慎重に取り扱うべき個人情報 これらの収集、記録を規制する条例がリセット

個人情報保護委員会による監督範囲の拡大、権限の一元化	●民間企業および2000近い自治体での情報の取扱いをすべて監視、監督できるのか？ ・同委員会の体制、規模への懸念 ・同委員会の行政機関に対する検査、命令権限の限界

れらの組織が個人情報を適切に取り扱っているかどうかの状況把握を個人情報保護委員会がすべて監視していくためには、同委員会における体制面の強化や監督手法の合理化に関しても十分な検討が求められることになります。

社会のデジタル化について他の先進国に比べて後れをとっている日本が、この先世界最先端のデジタル社会を実現するためには、今回制定されたデジタル改革関連法を絵に描いた餅にすることなく、行政が自ら打ち立てた方針を確実に突き進む推進力を発揮できるかどうかが成功のカギを握っているといえるでしょう。

Q 2-4

医療情報の取扱いに関して考慮すべき法令、ガイドラインについて教えてください。

A

医療情報は、氏名、住所等、基本情報としての個人情報よりさらに配慮が必要な情報（要配慮個人情報）にあたります。医療分野では、事業内容や情報の種類等に応じて複数ガイドラインが公表され、今後も新たな整備が検討されており、それらの動向に配慮して取扱いを見直していく必要があります。

1 医療情報に関連する法規制

医師の診断や検査の記録等をはじめとする医療に関する情報は、従来金融庁ガイドラインやJIS Q 15001（個人情報保護マネジメントシステム）において、個人情報の中でも他人に知られたくない種類の情報＝機微（センシティブ）情報としてその取扱いに配慮が必要であるとされてきました。

法制度面では、2017年施行の改正個人情報保護法（平成27年改正法）において、新たに「要配慮個人情報」が定義され、収集時の同意や提供時の規制が強化されました。同分野における次のような情報が対象となります。

医療分野における要配慮個人情報

- 診療情報、調剤情報
- 健康診断の結果、保健指導の内容
- 障害、その他心身の機能の障害

また、2018年5月に施行された「医療分野の研究開発に資するための匿名加工医療情報に関する法律（次世代医療基盤法）」は、医療分野の研究促進を目的として医療情報の匿名加工化およびその取扱いについて規定されています。

すなわち医療情報から本人（患者）を特定できないように適正な加工処理を施すための事業者を国が認定し、この認定事業者を通じて匿名化された医療情報が製薬会社、研究機関、行政機関等に提供されることで、これらの情報が本人の同意なく新薬の開発や医療の研究に利活用されることが可能となりました。

2 医療分野における関連ガイドライン

次世代医療基盤法以外にも、個人情報保護法のガイドラインの上乗せ措置として、医療機関や介護事業者、健康保険組合等の事業者における実例を紹介したガイダンスが個人情報保護委員会および厚生労働省より公表されています。

この中では診療録や診療報酬明細書（レセプト）等の個人情報や、遺族への個人情報の提供や研究目的での個人情報の取扱い等、業界特有の取扱いについて記載されています。

個人情報の取扱いに関する事業者向け医療ガイドライン

対象事業者	名称（改訂年月）
病院、薬局等の医療機関、および介護関係事業者	医療・介護関係事業者における個人情報の適切な取扱いのためのガイダンス（2023年4月施行）
健康保険組合、健康保険連合	健康保険組合等における個人情報の適切な取扱いのためのガイダンス（2023年4月施行）
国民健康保険組合	国民健康保険組合における個人情報の適切な取扱いのためのガイダンス（2023年4月施行）
国民健康保険団体連合会および国民健康保険中央会	国民健康保険団体連合会等における個人情報の適切な取扱いのためのガイダンス（2023年4月施行）

また、医療機関等においては、電子カルテシステム、画像管理システム（PACS）、検査管理システム等数多くの情報システムで医療に関する患者情報が取り扱われており、同情報を扱う情報システム（医療情報システム）を対象にしたガイドラインも公表されています。

▌医療情報システムに関するガイドライン▐

対象事業者	名称（制定（改訂）年月）
・医療機関等 ・医療機関等からの業務受託事業者	医療情報システムの安全管理に関するガイドライン（第 6.0 版：2022 年 5 月）
・医療機関等に医療情報システム等を提供する事業者 ・医療機関等から医療情報を受領する事業者	医療情報を取り扱う情報システム・サービスの提供事業者における安全管理ガイドライン※（2022 年 8 月）

※「クラウドサービス事業者が医療情報を取り扱う際の安全管理に関するガイドライン」（総務省：2018 年 7 月改訂）および「医療情報を受託管理する情報処理事業者における安全管理ガイドライン」（経済産業省：2012 年 10 月改訂）が整理、統合されたもの

「医療情報システムの安全管理に関するガイドライン」（厚生労働省）は、医療情報システムに求められるセキュリティ対策について記載されており、また保存義務のある文書としての次の観点も考慮されています。

・見読性（人が読める形で出力されること）

・保存性（必要な期間復元可能な状態で保存されること）

▌医療分野と各ガイドラインの位置づけ▐

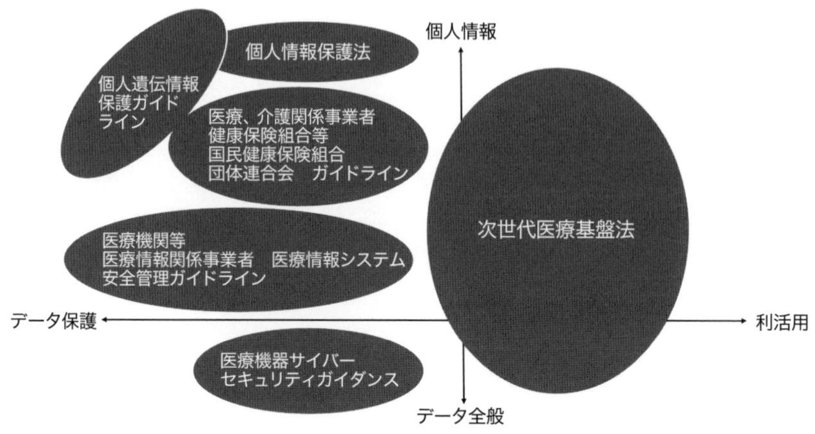

また「医療情報を取り扱う情報システム・サービスの提供事業者における安全管理ガイドライン」（総務省、経済産業省）は、医療機関に対し医療情報に関連する役務を提供する事業者等を対象に、医療機関との役割分担や求められるセキュリティ対策が記載されています。

さらに、遺伝子研究等に関して、個人の遺伝的特徴に関する情報や特定の個人を識別することができる情報（個人遺伝情報）を対象としたガイドライン（「経済産業分野のうち個人遺伝情報を用いた事業分野における個人情報保護ガイドライン」（2022年3月））が経済産業省より公表されています。

3 医療情報に関する課題

医療情報は秘匿性の高い情報でありながら、研究開発としての必要性、有用性が極めて高いという性質を有しており、その利用にあたってはどのようにして本人（患者情報）の理解を得るのかが重要となってきます。そのためには自身の医療情報を提供することで、将来の保健・医療・福祉サービスの質が向上することについて、国や医療機関が患者本人に対し明確に示せるかどうかがカギを握っています。

また、医療情報を利活用する側からは、今後の医療の発展のためにできるだけ大量の医療情報、すなわち多数の患者情報や症例などを収集し分析することが有意義であり重要なポイントとなります。そのためには、日本全体においてまだ十分に浸透していない電子カルテの普及率を高めるなど情報のデジタル化も必要です。同時に医療機関ごとに採用されている電子カルテシステムがまちまちで、互換性がないために取り扱うデータのフォーマットが異なることで情報連携が進まないといった状況も改善する必要があります。

4 今後のガイドラインの動向

医療情報は疾病の診断、治療、予防等に用いられる医療機器でも取り扱われており、医療機器に対するセキュリティ対策の重要性についても検討が進められています。厚生労働省は今後2～3年を目途に、医療機器の製造販売業者に対して国際団体[1]が公表したガイダンス[2]の導入に向けての検討を進めています。

また、個人情報保護委員会は、医療機関や製薬会社による医学研究目的での医療データの提供や、分野横断的なデータ利活用を目的としたAI活用に関してのガイドラインの整備について検討を進めることを公表しており、こうした学術研究目的での利活用については今後さらなる運用ルールの整備が予定されています。

コラム

GPS で未然に防ぐ国外逃亡

近年、日本においても裁判所が被告人の保釈を認めるケースが増えてきています。こうした中で、2023 年 5 月に成立した改正刑事訴訟法では、裁判所が被告人に対して保釈を認める際、国外逃亡の防止のために、被告人の位置および当該位置にかかる時刻を把握する必要があると判断した場合に、当該被告人に GPS 端末の装着を命じることができるようになりました。

ただし被告人のプライバシー権に対する配慮の観点から、GPS 端末を装着したとしても、裁判所や捜査機関は常に被告人の位置情報を閲覧することができるわけではなく、被告人が順守事項に違反したと判断される場合、すなわち空港や港湾施設の周辺といった「所在禁止区域」への立ち入りや、GPS 端末の取り外しや破壊といった行為を検知した場合に、端末から裁判所の閲覧設備へ自動で通知が届き、その際に閲覧しうる位置情報をもとに捜査機関などが被告人に対して身柄の拘束（勾引状の執行）をすることができるようになっています。

なお、国内逃亡の場合においては、被告人が仮に長距離を移動したとしても、

---

1 国際医療機器規制当局フォーラム（International Medical Device Regulators Forum：IMDRF）：世界各国の医療機器規制当局が、医療機器規制の国際整合化について将来の方向性を検討する国際団体。

2「Principles and Practices for Medical Device Cybersecurity（医療機器サイバーセキュリティの原則及び実践に関するガイダンス）」（IMDRF ガイダンス）。医療機器にかかるサイバーセキュリティ対策の国際的な調和を図ることを目的として、2020 年 3 月に公表。

位置情報の変化だけをもって逃亡の予兆と判断することは難しく、かつ、GPS 技術を用いる必要性が高いとまではいえないことから、今回の改正における適用対象は国外逃亡の防止に限定されています。

この、保釈条件としての「GPS 制度」は、米国やイギリス（イングランドおよびウェールズ）、韓国などの諸外国ではすでに導入されていますが、日本では 2028 年までの間に施行が見込まれており、目下制度の実現に向けて様々な検討課題の整理が進められています。

課題の 1 つとして、どのようなタイプの GPS 端末を被告人の身体のどの部分に装着するか、といった点が挙げられます。被告人のプライバシー権に対する配慮の観点からも、できるだけ身体の目立たない場所に GPS 端末を装着することが望ましく、その意味では手首や足首といった身体の部位が一般的に想定されます。また GPS 端末のデザインや仕様、性能についても、耐久性、防水性、電波受信の感度、バッテリーの持続時間などを考慮しつつ、小型かつ軽量化されたデザインにより、装着による負担を減らしながらも必要なときに位置情報を正確に捕捉することができる精度も兼ね備えている必要があり、今後の「GPS 制度」の定着に向けた新たな端末の開発が期待されるところです。

GPS 制度の仕組み

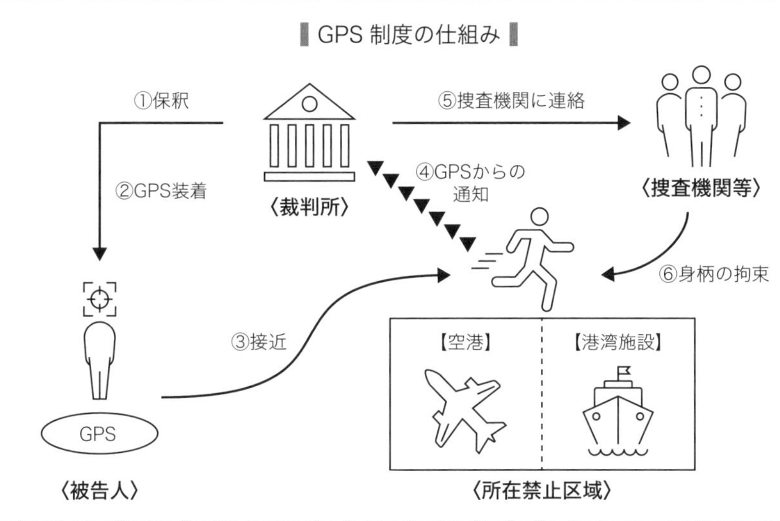

Q 2-5

個人情報保護監査とはどのようなことを実施すればよいですか？

A

1 監査の位置づけ

個人情報保護に限りませんが、組織のリスクマネジメントに関する取り組み、活動は「3つのラインモデル（Three Lines Model）」を用いて説明することができます。これは組織の部門を①現業部門、②リスク管理部門、③内部監査部門の3線に分類し、それぞれが自らの役割を果たすことで組織全体のリスク管理やガバナンスを確立していくという考え方です。

▌3ラインモデルを担う部門とその役割▌

ライン	部門	役割
第1線	現業部門	社内ルールを遵守して日々の業務を遂行
第2線	本社のリスク管理部門	組織のリスクについて社内ルールの設計や管理を実施
第3線	内部監査部門	第1線および第2線を監査

出所：内部監査人協会（IIA）公表の3ラインモデルをもとに作成。

これを個人情報の管理に当てはめると、第1線とは店舗や営業部門など顧客と接する部門であり、各種申込書の受け取りやシステムの端末を用いたサービスの利用状況の照会などを通じて個人情報を取り扱います。個人情報保護管理規程や手順書、マニュアル等にしたがって業務を行うことで、情報の紛失や漏えい等のインシデントを発生させないことが役割となります。

第2線とは、情報セキュリティ管理部門やコンプライアンス部門といったリスク管理をつかさどる部門であり、現業部門である第1線において情報漏えい等が起こらないように規程・手順書等を設計し、リスク変化に応じた見直しや第1線でのルールの遵守状況の把握により、必要に応じて紛失、漏え

■３つのラインモデルによる組織のリスク管理活動■

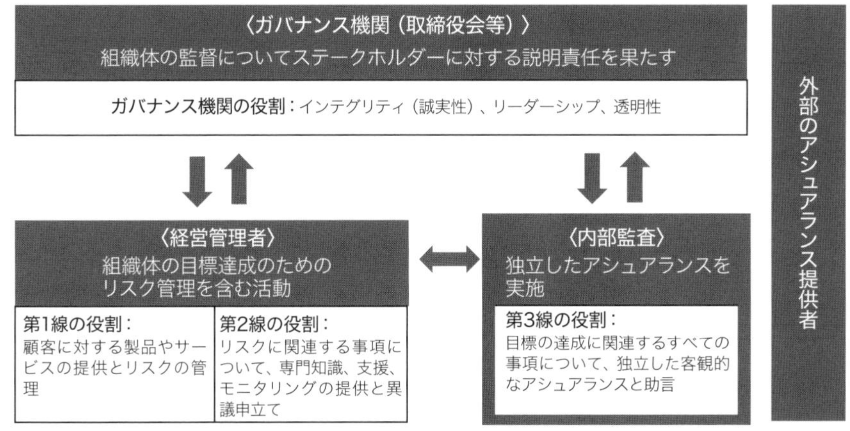

出所：日本内部監査協会「IIA の３ラインモデル―3 つのディフェンスラインの改訂」『月刊監査研究』2020 年８月号より一部加工。

い等の事故が発生する前に対策を講じたりすることが役割となります。

第３線は、内部監査部門や業務監査部門であり、第１線や第２線の活動が適切に遂行されているかどうかについて監査を行うことが役割となります。

2 監査の実施方法

では、個人情報の監査とはどのようなことを実施するのでしょうか。ここでは、整備状況と運用状況の２つの視点から説明します。

整備状況の監査とは、法令やガイドライン、プライバシーマークやISMS等の規格の要求事項に照らして、社内の規程等がこれらに沿ってルール化されているか（すなわち整備されているか）という観点での監査です。単に法規制や外部の規格をそのまま規定化するというよりは、自社のビジネスの実情に即したルールになっているか、実務とはかけ離れて形骸化された規定になっていないか、といった観点も含めることが望ましいと考えられます。

整備状況の監査は、個人情報保護法の改正や外部認証取得への取り組み開始のタイミングや、社内で新たな個人情報の取扱いが発生したり取扱い方法を大きく変更したりするようなケースを契機として実施されます。

一方、運用状況の監査とは、第1線で実施されている現業部門での個人情報の取扱いの状況や、第2線で行われている社内ルールの設計、管理状況が適切に遂行されているかどうかについて監査を行います。

一般的には個人情報の取扱いに関連する記録類の閲覧、個人情報を保管しているキャビネや執務室の施錠管理などの観察、個人データを格納している情報システムのアクセス管理状況の確認といった手続を実施します。

3 具体的な監査項目

個人情報保護の監査においては、どのような項目について監査を実施するのかについて、あらかじめ計画を立案し、監査手続書（監査チェックシート）を準備した上で被監査部門とのコミュニケーションを開始することが、効果的・効率的な監査を遂行する上でのポイントとなります。

監査項目については、セキュリティ確保の観点から、いわゆる安全管理措置の実施状況が重点項目となることが多いですが、近年は個人の権利（開示請求や利用停止の求めなど）に対する対応や組織としての説明責任の遂行状況なども監査の中で取り扱うべき重要項目となってきています。根拠となる法規制は国内の個人情報保護法が1つの柱になると考えられますが、グローバル企業においては海外の事業によってもたらされる各国の法規制への遵守状況も検討すべき点として留意しておく必要があります。

4 リスクアプローチによる監査の実施

このように、監査の実施項目は多岐にわたることから、一度にすべての手続を実施することは困難です。特に運用状況の監査は、情報漏えいリスクやプライバシー侵害リスクといった観点から、チェックすべき項目の優先順位を定めたリスクベースの監査を心がけることが重要となります。監査対象部門の選定についても、個人情報を数多く取り扱う部門や海外のクラウドを利用して個人データの管理を委託している部門など、リスクが比較的高いと想

監査対象部門と個人情報保護監査のポイント例

監査の分類	被監査部門	ライン	監査のポイント
組織的対応	リスク管理、法務、コンプライアンス部門	第２線	・個人情報保護の適用範囲、および管理体制 ・法令準拠のためのプライバシーポリシー、関連規程の整備状況 ・個人情報保護責任者（CPO、DPO）の選任、活動状況 ・漏えい時の報告・通知義務への対応手順
実務上の対応	各事業部門	第１線	・個人データを取扱う業務の把握、対象データの確認 ・個人からの収集手続の対応（利用目的の通知、同意取得等） ・個人の権利への対応（開示請求、利用停止の求め等） ・要配慮個人情報の取扱い状況の確認
システム対応	IT、セキュリティ部門	第２線	・セキュリティ対策、ログの取得、保管状況の確認（説明責任への対応） ・保有個人データの電磁的記録（電子データ）による開示請求への対応状況の確認
グローバル対応	海外事業部門、グローバルリスク管理部門	第１線／第２線	・GDPR その他海外の法規制の影響を受ける拠点の特定 ・日本本社と対象拠点の情報連携の確認 ・データ移転対応に関する確認

定される部門から着手するといったアプローチも有効な手法です。

最近では、社内事情や業務に精通した内部監査部門が実施する内部監査の他に、外部の監査法人やコンサルティング会社と協働して内部監査を実施するケース（コソーシング）や、第三者評価の観点から外部監査を実施するケースも増加してきています。

この分野は、プライバシー情報を不用意に取り扱うことによって外部から厳しい批判を受ける事態や、法改正や技術革新などによる環境の変化などが絶えず発生することから、監査にあたっては個人情報やセキュリティに関する専門性に加えて様々な業界の知見・経験を有し、客観的な助言ができる外部専門家の活用についても有用な選択肢の１つになると思われます。

Q 2-6

これまでの日本の個人情報保護法の改正点と影響を教えてください。

A

1 日本における個人情報保護法の制定

個人情報を保護するための法律は、個人情報の取扱いが電子化され、コンピュータ処理が徐々に広がり始めた1960年代から諸外国で検討が行われ、1970年代にスウェーデン、ドイツ、フランス等で法律が整備されました。この時点では国ごとに個人情報の保護に関する制度整備が進められたため、次第に国際間のデータ通信とのバランスに関心が集まるようになりました。これに対応する取り組みとして、1980年にOECD（経済協力開発機構）は「プライバシー保護と個人データの国際流通についてのガイドラインに関するOECD理事会勧告」を採択しました。このガイドラインでは「プライバシーと個人の自由の保護に係る原則（OECD8原則）」を加盟国の国内法で考慮することを求めており、今日に至るまで各国法制度の基礎となっています。

日本においては、このOECD理事会勧告が採択されたことを踏まえ、1988年に「行政機関の保有する電子計算機処理に係る個人情報の保護に関する法律」が制定されました。この法律は対象範囲が国の行政機関に限定されており、民間分野は関係省庁のガイドラインや指導等における自主規律に委ねられることとなりました。

日本における民間分野を対象とする個人情報保護法の法制化は、2002年に稼動が開始された住民基本台帳ネットワークシステム（住基ネット）を1つの契機として検討が進められるようになりました。住基ネットの導入により、そこで取り扱われる住民の個人情報に関し、セキュリティやプライバシー上の懸念が広がったことを受けて、民間分野を対象とした個人情報の保護に関する法律やシステムの整備の必要性が叫ばれるようになったのです。

個人情報取扱事業者が遵守すべき事項（2005 年）

区分	遵守すべき事項
個人情報	・利用目的の特定、利用目的の制限（第15～16条） ・適正な取得、利用目的の通知（第17～18条） ・苦情の処理（第31条）
個人データ	・正確性の確保（第19条） ・安全管理措置（第20条） ・従業者・委託先の監督（第21～22条） ・第三者提供の制限（第23条）
保有個人データ	・保有個人データ事項の公表（第24条） ・開示、訂正等、利用停止等（第25～27条） ・本人関与に関する理由の説明（第28条） ・開示手続、手数料（第29～30条）

※表中の条文は、2005 年全面施行当時のものを指す。

こうして2003 年に成立した個人情報保護法は、個人の権利・利益の保護と個人情報の有用性とのバランスを図るための法律として、個人情報保護のための基本理念を定めるほか、民間事業者である「個人情報取扱事業者」が遵守すべき事項を規定し、個人情報の適正かつ効果的な活用により豊かな国民生活を実現すべく、2005 年に全面施行されました。

2 個人情報保護法の改正（2015 年、平成 27 年改正法）

2005 年に全面施行された個人情報保護法は、その後 10 年間大幅な改正は行われませんでした。しかし、その間の IT 技術の飛躍的な進歩によって、制定当時想定されなかった膨大なデータの収集・分析が可能となり、また、ビジネス環境もグローバル化が大幅に進展した結果、ビッグデータの利活用や流通に関する国民のプライバシー侵害の不安感の解消や、事業者が個人情報およびその周辺データ、いわゆるパーソナルデータを取り扱う環境の整備等が速やかに解決すべき課題となりました。

これらの課題に対応するため、既存の法令ではカバーできていなかった点の見直しが行われた結果、2015 年に改正個人情報保護法が成立・公布され、2017 年 5 月 30 日より全面施行されました。改正の主な内容は次の表の通りです。

平成 27 年改正法の主な内容

No.	改正項目	主な内容
1	個人情報の定義の明確化	・個人識別符号の新設 ・要配慮個人情報の新設
2	個人情報の利活用	・匿名加工情報の新設
3	個人情報保護の強化	・オプトアウト規定の厳格化（届出、公表等） ・トレーサビリティの確保（第三者提供の内容確認、記録の保存） ・データベース提供罪の新設
4	グローバル化への対応	・海外への第三者提供 ・国境を越えた適用と外国執行当局への情報提供
5	その他	・個人情報取扱事業者の例外規定の撤廃 ・個人情報保護委員会の新設

3 2020 年改正（令和 2 年改正法）のポイント

平成 27 年改正法が制定された際に、施行後 3 年ごとに見直しを行う旨の規定が設けられました。これにより、個人情報を取り巻く社会・経済の情勢の変化を踏まえ、以下の観点を加味した改正法が 2020 年に成立・公布となり、2022 年 4 月から施行されています（令和 2 年改正法）。

- 情報を提供する個人の権利意識の高まりによる個人の権利利益の保護
- 個人情報の保護と利用のバランスの重視
- デジタル化された個人情報の利活用と国際的な制度調和への配慮
- 個人データの越境にかかるリスクへの対応
- 多岐にわたる個人情報の利活用が進む中での事業者の説明責任の遂行および適正な利用の促進

このうち主な改正内容をいくつか紹介すると、個人情報の不適正な方法による利用の禁止や個人関連情報の提供先基準での第三者提供確認義務が規定されました。これは、いわゆる「破産者マップ」（自己破産者の氏名、住所、職業をマップ上にプロットした無料のサイト）が公開された事案や就職情報サービス企業による内定辞退率のスコア提供が問題視された昨今の情勢を考慮したことにより制定されました。

また、データ利活用の観点からは仮名加工情報が新設されました。仮名加工情報とは、データ内の氏名等特定の個人を識別できる情報を削除または他の情報に置き換えることで、加工後のデータ単体からは特定の個人を識別できないようにするといった、いわゆる「仮名化」と呼ばれる加工を施した情報をいいます。平成27年改正法で定められた匿名加工情報と類似していますが、匿名加工情報と比べて第三者への提供は制限されるものの、加工の範囲、程度が縮小されることにより、企業内部におけるビッグデータ等の利活用を促進するために創設された情報で、個人情報と同等なデータの有用性があるという特徴があります。

その他の改正点として、本人の権利が拡大されることによって、第三者提供の記録の開示請求権や、書面以外のフォーマットによる開示請求が認められるようになりました。さらに、漏えい時の報告が義務化され、罰金上限が最大1億円に引き上げられました。

令和２年改正法の主な内容

No.	改正項目	主な内容
1	個人の権利の在り方	・利用停止・消去等の請求権 ・保有個人データの開示方法 ・第三者提供記録の開示 ・短期保存データの開示等対象化 ・オプトアウト規定の強化
2	事業者の守るべき責務の在り方	・漏えい等報告・本人通知の義務化 ・不適正な方法による利用の禁止
3	事業者による自主的な取り組みを促す仕組みの在り方	・認定個人情報保護団体制度の充実 ・保有個人データに関する公表事項の追加
4	データ利活用に関する施策の在り方	・仮名加工情報の創設 ・公益目的にかかる例外規定の運用の明確化 ・提供先にて個人データとなる情報の取扱い
5	法の域外適用・越境移転の在り方	・域外適用範囲の拡大 ・越境移転にかかる情報提供の充実
6	ペナルティの在り方	・ペナルティの引き上げ

なお、PART 2：Q2-3でも触れたように、個人情報保護法は、デジタル改革関連法の1つとして、2021年5月にも改正法が成立・公布されています(令和3年改正法)。これは官民を通じた個人情報保護法制を見直すという意味で、令和2年改正法に対して付加された意義のある改正といえます。個人情報保護法はこうした視点も織り込みながら適宜見直しが進められ、現在に至っています。

4 令和2年改正法におけるビジネス上の対応

令和2年改正法では、個人情報の保護と利活用の強化が従来以上に図られています。個人情報を取り扱う事業者はブレーキとアクセルを適切に使い分け、社会からの信頼を得ながらビジネスを発展させていくことが求められます。今回の主な改正点に企業が対応すべきポイントを次頁の図に整理しました。

5 今後の改正に向けた課題

日本の個人情報保護法は2003年に制定されて以降、世界情勢やIT技術の進展とともに法改正が行われ現在に至っています。しかしながら、個人情報の法規制としてグローバルスタンダードともいえるEU一般データ保護規則（GDPR）と比較すると、忘れられる権利（消去権）やデータポータビリティの権利、プロファイリングに異議を唱える権利といった個人の権利に関する保護規定についてはまだ十分に法制化されていません。

また、ペナルティの一環として課徴金制度（違反行為を行った事業者に経済的不利益を課すことにより、違反行為を事前に抑止するための制度）の導入に関しても一定の有用性が考えられていますが、実際に導入された場合の法執行の実績と効果といった観点などから、2023年6月現在は法制化が見送られています。

さらに「個人情報保護法・いわゆる3年ごと見直し制度改正大綱」（令和元年12月13日、個人情報保護委員会）の中では、民間の事業者が法の規定

事業者が実施すべき主な対応事項

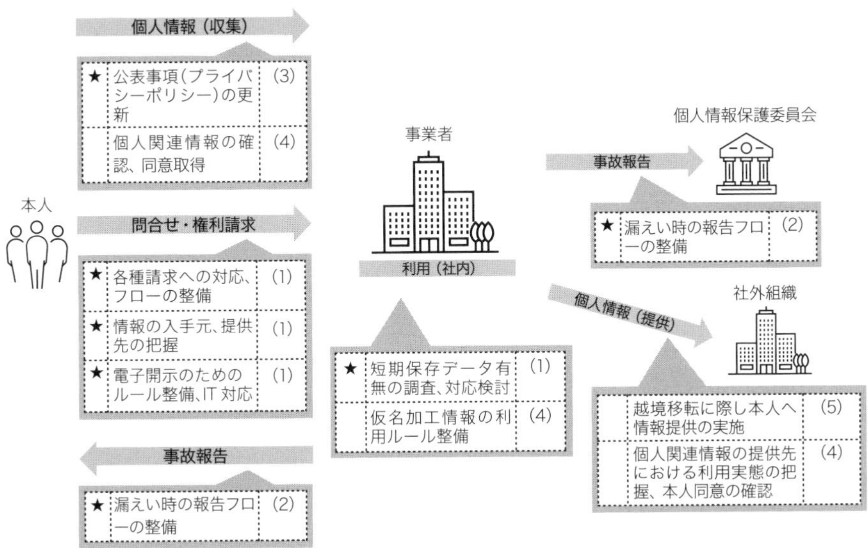

※★はすべての事業者に影響があると考えられる対応すべき項目。吹き出しの中の（1）～（5）は、表「令和２年改正法の主な内容」の中の項番に連動している。

を補完する形で個人情報の適正な取扱いに向けた自主ルールを策定し、運用していくことが推奨されています。その中の重要な取り組みとしてPIA（プライバシー影響評価、PART 3：Q3-4 参照）の実施が挙げられていますが、このPIAに関しても実務上の具体的な評価項目や手法等については、法規制としての義務化は見送られています。

これらの課題は個人情報の取扱いに関する今後の動向を踏まえて議論が進んでいく可能性があり、将来の個人情報保護法の中で法制化され、個人にとっても事業者にとってもより充実した個人情報の保護と利活用に結び付くことが期待されます。

Q 2-7

令和２年改正法によって、個人の権利対応に関する規制はどのように変化しているのでしょうか？

A

1 個人の権利とは

日本において個人情報保護に関する法制度は、いわゆるOECD8原則（PART 2：Q2-2参照）に対応するように整備されています。

OECD8原則にはデータの利用目的や管理者等を明示する「公開の原則」と、自己に関するデータの内容等の確認や異議申立てができる「個人参加の原則」が規定されており、日本の個人情報保護法においてもこれらの原則に沿って個人の権利対応に関する規定が盛り込まれています（表の太枠部分）。

こうした適切な情報公開や自己に関するデータの利用への関与といった、自分自身の情報の取扱いをコントロールできる権利（自己情報コントロール権）が法規制として設けられることで、企業が取得した個人データを利活用する場合であっても個人のプライバシーを保護することが可能になります。

2 個人の権利に対する意識の高まり

従来日本企業においては、個人情報の漏えいや紛失、あるいはシステム障害によるデータの消失などが個人情報保護に対する主要な関心事でした。しかしデジタル社会の進展とともに、自分自身の個人データがネットワークを介して拡散し、いつの間にか自分の知らないところで流通することに対する不安など、プライバシーへの懸念や個人情報の自己管理意識はますます高まる傾向にあります。2018年に適用開始となったEU一般データ保護規則（GDPR）においても、データ主体の権利を尊重し、強化を図る方針のもとで第３章に「個人の権利（Rights of the Data Subject）」を掲げ、第12条から22条にかけて様々な権利保護の規定を管理者である企業に課しています。

OECD8 原則との対比表

No.	OECD8 原則	個人情報保護法（令和 2 年改正法）	GDPR
1	収集制限の原則	適正な取得（第 17 条）・利用目的の通知等（第 21 条）	適法性、公平性及び透明性の原則（第 5 条 1 項（a））・目的の限定の原則（第 5 条 1 項（b））
2	データ内容の原則	利用目的による制限（第 18 条）・データ内容の正確性の確保（第 22 条）	目的の限定の原則（第5条1項（b））・正確性の原則（第 5 条 1 項（d））・記録保存の制限の原則（第 5 条 1 項（e））
3	目的明確化の原則	利用目的の特定（第 17 条）	目的の限定の原則（第5条1項（b））
4	利用制限の原則	利用目的による制限（第 18 条）・第三者提供の制限（第 27 条）	目的の限定の原則（第5条1項（b））
5	安全保護の原則	安全管理措置（第 20 条）・従業者の監督（第 24 条）・委託先の監督（第 25 条）	完全性及び機密性の原則（第 5 条 1 項（f））
6	公開の原則	保有個人データに関する事項の公表等（第 32 条）	適法性、公平性及び透明性の原則（第 5 条 1 項（a））、その他
7	個人参加の原則	開示（第 33 条）・訂正等（第 34 条）・利用停止等（第 35 条）・理由の説明（第 36 条）・開示請求の手続（第 37 条）	適法性、公平性及び透明性の原則（第 5 条 1 項（a））・データ主体のアクセス権（第 15 条）・訂正の権利（第 16 条）・消去の権利（第 17 条）・取扱いの制限の権利（第 18 条）
8	責任の原則	個人情報取扱事業者による苦情の処理（第 40 条）	アカウンタビリティの原則（第 5 条 2 項）

出所：個人情報保護委員会「個人情報保護法と GDPR の対比表（2019 年 1 月）」（https://www.ppc.go.jp/files/pdf/310118_siryou1-1_betten2.pdf）をもとに加工。

▌GDPRが定める主な個人の権利▐

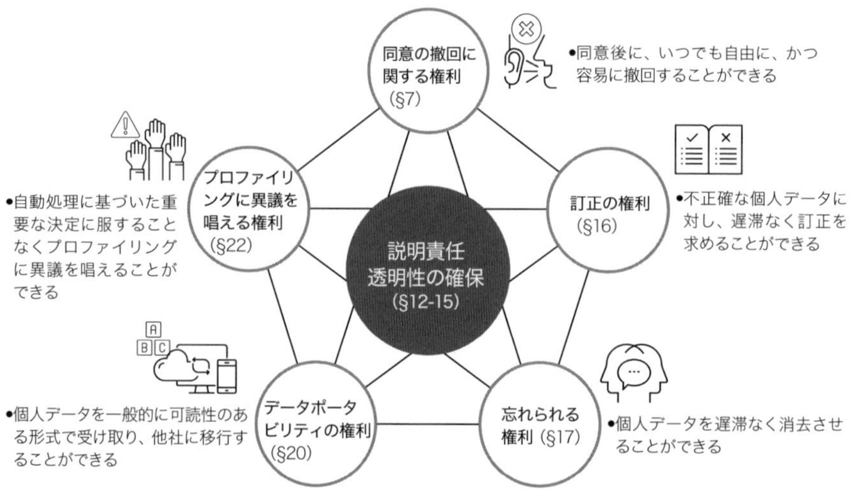

3 令和２年改正法と個人の権利への対応

このような経緯の中、日本の個人情報保護法対応としては、令和２年改正法において個人の権利に関する見直しが一部強化されました。

(1) 利用停止・消去等の請求権

従来法では、利用目的外に個人データが利用されている場合、または、利用目的を通知しないまま取得したなど、適正に取得されていない個人情報に対して、利用停止・消去等の請求をすることができました。

改正法では、上記に加えて新たに、利用する必要がなくなった場合、重大な漏えい等が発生した場合、および本人の権利等が害されるリスクがある場合においても、利用停止・消去にかかる請求を行うことが可能となりました。

従来に比べて本人が請求できる条件が増えたことに伴い、個人情報を取り扱う事業者に対する請求件数が増加することが予想されます。これまで本人からの権利請求対応の事例が少なく対応手順が明確化されていない企業は、改めて対応のルール化といった検討を実施することが望まれます。

(2) 保有個人データの開示方法

従来法では、本人からの開示請求に対し、書面開示が認められていました。改正法では、事業者の対応として、書面に限らず本人が指定した方法により開示することが規定されました。したがって、電子データでの開示が求められた場合は電子データで情報提供する必要があります。これは、電子データで開示されたほうが本人の利便性が高いことや、音声や動画等に関する個人データは書面での開示が困難である、といった背景を受けて定められたものです。

したがって、企業は自社が取得している個人情報の種類、保存形式を再確認した上で、テキストデータに限定せず音声や動画等のあらゆる形式の個人データを開示できるように開示方法を検討する必要があります。

■令和２年改正法と個人の権利■

No.	テーマ	令和２年改正法／主な改正事項	従来（平成27年改正法まで）の規定
1	利用停止・消去等の請求権	従来の規定（右記）に加え、下記の場合も請求可（第35条） (1) 利用する必要性がない (2) 重大な漏えい等の発生 (3) 本人の権利等が害されるリスク	利用目的外の利用、適正な取得がなされていない場合に請求可
2	保有個人データの開示方法	デジタル形式での開示が可能（本人が指定）（第37条）	書面による開示のみ
3	第三者提供記録の開示	本人による開示請求が可能（第33条）	（新設）
4	短期保存データの除外の廃止	―（右記除外の廃止）	6ヵ月以内に消去（短期保存データ）の場合、開示対象外
5	オプトアウト規定の強化	従来の規定（右記）に加え、下記の場合は対象外（第27条） (1) 不正に取得されたデータ (2) オプトアウトにより提供されたデータ	要配慮個人情報は対象外

※表中の条文は、2023年4月1日施行のものを指す。

(3) 第三者提供記録の開示

平成27年改正法によって、個人情報取扱事業者は個人データを第三者に提供した場合、以下の項目について記録し、一定期間保存しなければならない旨が規定されました。

- 個人データを提供した年月日
- 当該第三者の氏名または名称その他の当該第三者を特定するに足りる事項
- 当該個人データによって識別される本人の氏名その他の当該本人を特定するに足りる事項
- 当該個人データの項目

しかし一方で、こうした第三者への提供記録については、本人による開示請求の対象外となっており、データ主体である本人にとって自身の個人データの流通の実態を把握することが難しい状況でした。

そこで令和2年改正法では、データ主体である本人が自らの権利行使によって個人データの事業者間での移動を把握しやすくするために、第三者への提供記録を本人による開示請求の対象に含めることとしました。

このため、個人データの第三者提供を実施している企業にとっては、改めて第三者への提供記録の社内での管理状況を確認するとともに、開示請求を受けた際の受付対応手順についても整備しておくよう、注意が必要です。

(4) 短期保存データの除外の廃止

従来法では、6ヵ月以内に消去される短期保存データは開示等請求の対象外とされていました。一方の改正法では、6ヵ月以内に消去される場合であっても開示等請求の対象とされます。

個人情報保護委員会の調査によると、約8割の企業では短期保存データを取り扱っていないとのことから、本項が影響する会社は限定的と考えられます。また、保有個人データであっても、個人情報取扱事業者の業務の適正な実施に著しい支障を及ぼすおそれがある場合は、当該保有個人データの全部または一部を開示しないことができるとされているため、企業としては保存期間にかかわらず、このような例外規定の適用が可能かどうかを検討し、対応コストを効率化することが望まれます。なお、単に開示すべき保有個人データの量が多いという理由のみでは、原則として「著しい支障を及ぼす」とはいえないとされていることに注意が必要です。

(5) オプトアウト規定の強化

オプトアウトとは、事前に本人の同意がなくても、本人からの拒否がない限り個人データの第三者提供を可能とする仕組みをいいます。

個人情報保護法が制定された当初は、すべての個人データに対しオプトアウトが特段の制限なく認められていましたが、平成27年改正法によって要配慮個人情報が新設されたことにより、要配慮個人情報に関してはオプトアウトが禁止されるという制限事項が規定されました。

そして令和2年改正法によって、オプトアウトの対象外として以下の個人データが追加されることとなりました。

- 不正に取得された個人データ
- オプトアウトにより提供された個人データ

これらの個人データについてオプトアウト方式での提供を禁じるという考え方は、個人の権利保護の観点からはある意味当然であるといえます。

このように、個人の権利は社会の動向や個人の意識の変化に応じてますます法制化が進んでいくと考えられます。前述したように、GDPRではデータ消去権（忘れられる権利）、データポータビリティの権利、プロファイリングに異議を唱える権利など、世界でも一歩踏み込んだ規定が条文に織り込まれ、データ主体の立場を強く擁護する姿勢が示されています。日本の個人情報保護法についても今後様々な検討が重ねられ、グローバル水準としての権利が保障されるような社会の実現が期待されるところです。

Q 2-8

仮名加工情報とは？
匿名加工情報との違いは何ですか？

A

1 平成 27 年改正法で制度化された「匿名加工情報」とその課題

匿名加工情報は、個人情報に一定の加工処理を施すことで個人を特定できないようにした情報で、その情報を復元して特定の個人を再識別することができないようにしたものをいいます。データの利活用が進展する社会動向において、個人情報であれば第三者への提供時や利用目的の変更の際に同意を取得する必要があり、こうした法規制への対応が大きな妨げとなっていました。そこで平成 27 年改正法においては、利用目的の特定や第三者提供の制限といった個人情報の取扱いに関する規定の適用外とする匿名加工情報が新設され、データ利活用の促進が期待されるようになりました。

2020 年 3 月時点で約 500 社が匿名加工情報を利用しており、特に調剤薬局やドラッグストア、健保組合、病院など、医療およびヘルスケア分野を中心に利用されています。

匿名加工情報は本人同意が不要であるため、事業者にとって運用負荷を低減できることや大量データの利活用を促進できること、および情報漏えい時のリスクを低減できることなどがメリットとして挙げられます。

一方で、匿名加工情報の作成時に特異な値が削除されてしまうなど、元のデータの持つ特徴が失われてしまったり、データの精度が下がり有用性が損なわれたりするといった点や、利用方法がたとえ法令に適合していたとしても、顧客からのクレームやレピュテーションに影響を及ぼす可能性を懸念する点などが課題となっています。

▍匿名加工情報の利活用事例▍

No.	事業者種別	データ種別	利活用方法
1	生命保険事業者	健康データ等	健康データ等の分析結果をもとに、個々人に対して最適な健康管理・健康増進プログラムを提供する
2	医療データベース事業者	レセプトやDPCデータ等医療データ	取得した医療データの分析結果をもとに薬剤の効果や副作用を分析し、製薬企業に提供している
3	製薬事業者	レセプトデータ等医療データ	取得した匿名加工情報をデータ分析業者に提供し、薬剤の安全性評価等に活用している
4	不動産開発事業者	ポイントカードデータ	ポイントカードデータの匿名加工情報とSNSデータを組み合わせて、SNSを用いたキャンペーンによる販促効果の分析を行う
5	住宅事業者	HEMSデータ※	自社の契約住宅から取得したHEMSデータを用いて住宅における消費電力量等を予測する

※家庭内で電気を使用している機器から収集されたデータ
出所：個人情報保護委員会「パーソナルデータの適正な利活用の在り方に関する実態調査（令和元年度）報告書（2020年3月）」（https://www.ppc.go.jp/files/pdf/personal_date_report2019.pdf）

2 仮名加工情報―匿名加工情報との違い

前述の背景から、令和2年改正法で仮名加工情報が新設されました。仮名加工情報とは、他の情報と照合しない限り特定の個人を識別することができないように加工された個人情報です。

匿名加工情報との違いは、主として第三者提供時の対応と情報の加工方法です。第三者提供については、匿名加工情報であれば本人同意を得ることなく第三者提供することが可能ですが、仮名加工情報は企業内部における様々な分析に利用することを前提としていることから第三者提供が原則として禁止されています。また一方で、仮名加工情報を作成する場合の加工の要件は匿名加工情報よりも緩和されています。

個人情報の加工による整理

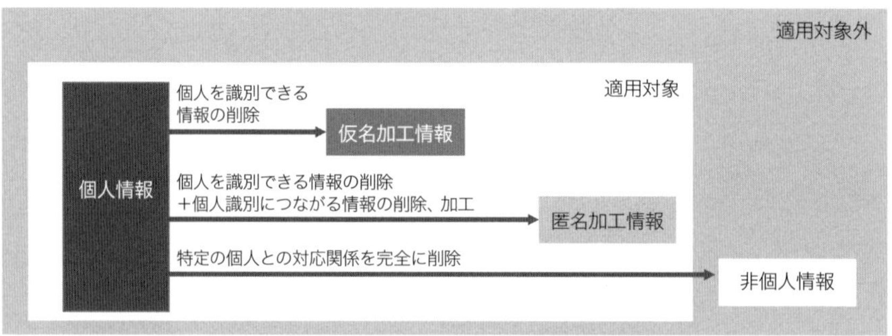

匿名加工情報と仮名加工情報の比較

No.	項目	匿名加工情報	仮名加工情報
1	定義	特定の個人を識別することができないように個人情報を加工して得られる個人に関する情報であって、当該個人情報を復元することができないようにしたもの（第２条第６項）	他の情報と照合しない限り特定の個人を識別することができないように個人情報を加工して得られる個人に関する情報（第２条第５項）
2	安全管理	・加工方法等情報の安全管理措置（第43 条第２項） ・匿名加工情報の安全管理措置（努力義務）（第43条第６項、第46条）	・削除情報等の安全管理措置（第41条 第２項） ・仮名加工情報の安全管理措置（第23条、第42条第３項）
3	作成時の公表	匿名加工情報に含まれる、個人に関する情報の項目の公表（第43条第３項）	・利用目的の公表（第41条第４項）
4	第三者提供	・本人同意なく第三者提供可能 ・提供時に、匿名加工情報に含まれる個人に関する情報の項目及びその提供の方法の公表、並びに匿名加工情報である旨の提供先に対する明示（第43条第４項、第44条）	・第三者提供の原則禁止（第41条第６項、第42条第１項・第２項）

5	利用	・識別行為の禁止（第 43 条第 5 項、第 45 条） ・苦情処理（努力義務）（第 43 条第 6 項、第 46 条）	・識別行為の禁止（第 41 条第 7 項、第 42 条第 3 項） ・本人への連絡等の禁止（第 41 条第 8 項、第 42 条第 3 項） ・利用目的の制限（第 41 条第 3 項） ・利用目的達成時の消去（努力義務）（第 41 条第 5 項） ・苦情処理（努力義務）（第 40 条、第 42 条第 3 項）

※ 1　法令に基づく場合又は委託、事業承継もしくは共同利用による例外あり
※ 2　利用目的の変更は可能
出所：個人情報保護委員会「個人情報保護法ガイドライン（仮名加工情報・匿名加工情報編）」（https://www.ppc.go.jp/personalinfo/legal/guidelines_anonymous/）をもとに加工。

3 仮名加工情報の利用

個人情報を仮名加工化することにより、それ単体では特定の個人を識別できなくなることから、仮名加工情報は加工前の状態、すなわち個人情報に比べて漏えいリスクを低く抑えることができます。同時に、データとしての有用性を加工前の個人情報と同等程度に保つことにより、匿名加工情報よりも詳細な分析を、比較的簡便な加工方法で実施することが可能となります。

仮名加工情報の利活用が想定されるケース

企業がすでに取得済みの個人情報に関し、当初の利用目的とは別に新たな目的で、
- 医療・製薬分野における研究用のデータとして用いるケース
- 不正検知などの機械学習モデルの学習用のデータとして用いるケース
- 消費者の購買や行動を分析するためのシステム開発の AI 解析用のデータとして用いるケース

このように、個人情報や匿名加工情報だけでは実務上利活用が制約されていたり、煩雑な処理・手続が発生したりしていた課題が、仮名加工情報の登場によって緩和され、企業内部でのデータ分析などの研究や開発、新規ビジネスのスタートアップなど、様々な局面において個人情報を起点としたデータの利用促進が期待されます。

Q 2-9

海外グループ会社の個人情報保護についてどのような管理をすればよいですか？

A

1 海外拠点の管理がなぜ必要か

昨今の個人情報保護意識の高まりから、世界各国において個人情報保護に関する法律が制定されています。特にEUにおいて2018年にEU一般データ保護規制（GDPR）が適用されて以降、企業は個人情報の安全管理のみならず、個人の権利対応や越境データの管理などについても適切に運用することが求められるようになりました。GDPRではこうした要求事項が厳格に取り決められており、違反時には高額な制裁金が科されることも定められています。

米国でも2020年にカリフォルニア州消費者プライバシー法（California Consumer Privacy Act：CCPA）が施行されたのを皮切りに、各州において次々とプライバシーに関する州法が制定されました。さらに中国においても2021年に個人情報保護法が新たに施行となり、個人情報の適正な取扱いは今や世界標準として広がりつつあります。

このような中で企業が海外にビジネスを展開していくには、自国の法規制に沿って対応していれば事が足りるという状況ではなくなっており、国内のみならず海外の法規制についても正しく理解した上で、海外拠点の個人情報の取扱いの実態を適切に把握・管理することが求められます。

2 企業が抱える課題

企業にとって、ビジネスが成長するにつれて取り扱う情報量が飛躍的に増加し、各地にグループ会社などの拠点が増設されるようになってくると、組織全体の状況を俯瞰して把握することは難しくなります。例えば個人情報が

▌組織の課題▐

組織の課題	
(1) ビジネスのグローバル化	● 広がる海外展開、管理部門のリソース不足 ・管理部門のリソース不足により、海外拠点においてプライバシー対策が浸透していない ・海外拠点や取引先とのデータ共有が増えており、各組織での情報管理に不安がある ・情報管理のグローバル化を進めているが、法令遵守に不安がある
(2) 多様な個人情報の存在	● 消費者、取引先、従業員等の個人情報 ・どこにどのような情報があるか把握できていない ・個人情報保護対策について社外から説明を求められることがあり、対応に苦慮している
(3) データ利活用の進展	● プライバシーに配慮しつつ、ビジネスでの利活用を推進 ・データ利活用ビジネスの検討は事業部門主体で、リスク検討要員が不在である ・利活用ビジネスにおけるプライバシーリスクをどのように特定し対応すべきか、専門的な知識が不足している ・適切かつ効率的にプライバシーリスク対策を進めたいが、経験値が不足している

どのシステムにどのくらい保管されているのか、また拠点ごとにどのようなルール、管理体制のもとで個人情報を取り扱っているのかなど、本社サイドで確認をとろうとしても時間がかかり、状況を正確に捉えることは困難となってきています。

こうした海外拠点における個人情報管理への懸念は近年高まりつつあります。従来管理全般を海外グループ会社自体に任せており、本社では状況を把握できていないことによって、海外拠点で起こりうるセキュリティインシデントやプライバシー侵害について適切なリスク対応ができていない、といった課題が重要視されてきています。

3 海外グループ会社向けの個人情報保護対策

個人情報の収集、利活用が加速し海外にも広がる中で、こうした海外拠点における個人情報の取扱い状況を把握し、必要な対策を講じていくためには、次のステップに沿って本社側と海外グループ会社との間で円滑なコミュニケーションを図ることがポイントとなります。

▌対策のステップ▐

No.	対策項目	対策内容
1	海外グループ会社が遵守すべきルール（基準）の策定	・海外グループ会社の所在国の法令調査 ・各国の法令をもとに、遵守すべきグループ会社共通のミニマムルール（基準）の策定 ・それぞれの海外拠点固有の追加ルールの有無を検討し、必要に応じて共通ルールに上乗せ
2	策定したルール（基準）に対する遵守状況の調査	・個人情報管理台帳の整備（個人情報の洗い出し） ・利用目的の通知（同意取得）方法、開示請求等の問合せ対応、その他個人の権利行使への対応状況 ・個人情報の安全管理状況
3	調査結果の分析	・1の各項目についてチェックシート等を用いて調査した結果、ルールからの逸脱や不徹底な運用状況の有無についての確認
4	優先課題の特定および改善策の検討	・3で検出された拠点ごとの課題を整理し、ビジネスに与える影響などのリスクの度合いに応じて優先的に対処すべき課題の特定、および必要な対策の検討
5	改善策の実施、および実施状況の定期的なモニタリング	・本社から各拠点に向けた改善対応の指示 ・各拠点から本社への対応状況の報告 ・各拠点における対応結果の確認および継続的なモニタリング

4 海外グループ会社の円滑な個人情報管理に向けて

本社と海外拠点とのやりとりは、物理的に距離が離れておりface-to-faceのコミュニケーションがとりづらいことに加えて、言語の違いや文化・風土が異なることによる意思疎通の図り難さもあいまって、単に必要な対策を明確にして指示するだけでは期待する効果を得ることはできません。

本社で対策を策定する場合は、海外拠点側のマンパワーや専門知識の有無などを考慮し、改善事項が過度にならないようにすることが重要となります。逆に海外拠点側で策定する場合は、その内容の妥当性および十分性について本社側に指示を仰ぎ、判断してもらうことも有用です。

また海外拠点数が多くなってくると、グループ会社全体を管理しようとする本社側のマンパワーにも限界が生じてくることから、各グループ会社を統括する地域統括拠点や各グループ会社自体にある程度権限を委譲して、本社側の負荷を分散することも検討が必要となります。

海外拠点の管理を一度にすべて実施することは容易ではありませんので、自社のビジネスに関わってくるプライバシーリスクを適切に見極め、重要かつ優先度の高い事項から対処していくことが有効です。そのためには特定の部門だけで検討を進めるのではなく、組織の様々な部門関係者を巻き込んで、一体感のあるプロジェクトとして取り組みを進めていくことが成功の秘訣です。

▌リスクベースによる課題と対応の一例▐

分類	想定リスク	対応ポイント	主たる関係部門
組織的対応	拠点ごとの法規制による要求事項が遵守されておらず、法令違反が生じるかもしれない	・プライバシーポリシー、関連規程の整備	法務、コンプライアンス部門
	個人情報の取扱いに関する役割、責任が不明瞭で、適切に運用できないかもしれない	・個人情報保護に係る管理体制の明確化（データ保護責任者、部門責任者・担当者の任命）	リスク管理部門
実務上の対応	個人情報の取得から廃棄までの状況が把握できておらず、セキュリティインシデントやプライバシー侵害の危険性を察知できない	・PIA（プライバシー影響評価）の実施等によるデータの取扱いの把握 ・社内におけるデータフローの整理	海外事業部門
システム対応	個人情報を取り扱うシステムの仕組みが不明瞭で、データの毀損や漏えいの危険性を把握できない	・サイバーセキュリティ対策の実装 ・ログの記録、保管によるトレーサビリティの確保	IT、セキュリティ部門

Q 2-10

米国における個人情報保護に関する法規制について教えてください。また、カリフォルニア州のプライバシー法とはどのようなものでしょうか。

A

1 米国における個人情報保護の規制概要

米国には、現在のところ全米（連邦）レベルの包括的な個人情報保護法がありません。全米レベルの個人情報保護の取り組みとしては、金融、通信、医療等の業界や、児童の保護といった特定の分野に対する個別法による規制にとどまっている状況です（表参照）。

一方、州レベルでは、多くの州でプライバシーの法規制が設けられています。事業者は個人情報保護対策に着手するにあたり、まずは事業者自身が適用対象となる法規制を把握する必要があります。

州法には、連邦レベルの個別の業法には織り込まれていない要件も規定されていることがあります。例えば、情報漏えい時の本人への報告義務は、多くの州法で定められている要求事項の1つです。こうした米国における州法の中でも、複数の州で参照され、個人情報保護の中核をなしているのがカリフォルニア州の消費者プライバシー法（CCPA）です。

▌米国における個人情報保護関連の主な法規制▌

名称		制定	概要
金融プライバシー権法	Right to Financial Privacy Act	1978年	連邦政府機関が、金融機関の顧客の財務情報を入手するにあたり遵守すべき手続を定めたもの
電話加入者保護法	Telephone Consumer Protection Act	1991年	電話勧誘によるプライバシーの侵害や詐欺等の行為から電話加入者を保護するための要件を定めたもの
ドライバー・個人情報保護法	Driver's Privacy Protection Act (DPPA)	1994年	自動車免許を取得する上で免許申請者が行政機関に提出した個人情報の公開を制限したもの
医療保険の携行性と責任に関する法律	Health Insurance Portability and Accountability Act（HIPAA）	1996年	個人の医療データのプライバシーを守りつつ、データを医療分野での利活用に役立てるための要件を定めたもの
児童オンライン個人情報保護法	Children's Online Privacy Protection Act (COPPA)	1998年	13歳未満の児童に関する個人情報をインターネット経由で収集する際に満たすべき要件を定めたもの
リアルID法	Real ID Act	2005年	テロ対策の一環として、国家安全保障の観点から、州が発行する運転免許証およびIDカードの発行要件を定めたもの
サイバーセキュリティ情報共有法	Cybersecurity Information Sharing Act (CISA)	2015年	サイバー攻撃からの対処を目的として民間企業が行政機関とインシデント情報を共有し、当該データに含まれる個人情報に係るプライバシー上の法的責任を除外する等の措置を講じたもの

2 CCPAとCPRAの概要

カリフォルニア州では、住民の個人情報を保護する規制として、「California Consumer Privacy Act（カリフォルニア州消費者プライバシー法：CCPA）」が2020年1月に施行されました。「Consumer」（消費者）は、いわゆる一般消費者ではなく、事業者の従業員、取引先の担当者、求職者等を含む、カリフォルニア州在住者全体を指しています。

CCPAにおける個人情報の定義として特徴的なのは、世帯を識別し、関連付けすることができれば、一個人に関する情報だけでなく世帯に関する情報であっても個人情報として取り扱われるという点です。例えば、スマートスピーカー等のIoT家電やコネクテッドカーから収集された音声や位置情報は、たとえ個人が特定できなくても世帯に紐づけることができれば、個人情報としてCCPAの規制対象に含まれることになります。

また、本人の権利の中に「差別されない権利」が含まれることも、他国のプライバシー法とは異なります。「差別されない権利」とは、消費者が権利を行使した際に、例えば商品やサービスが提供されない、割引や特典が受けられない、ペナルティ等により価格が上げられる、といった不利益を被らない権利をいいます。事業者は、消費者の権利行使に関係なく、公平に消費者を取り扱わなければなりません。

カリフォルニア州ではさらに、CCPAを改正した法律として、消費者の権利をより強化した「California Privacy Rights Act of 2020（カリフォルニア州プライバシー権法：CPRA）」が2020年12月に成立し、2023年3月に施行されました。規制強化の一例として、CCPAでは、第三者提供について、消費者がオプトアウト請求できるのは「Sell」（販売）としていますが、CPRAでは、「Share」（共有）されたデータも、オプトアウトの対象となります。具体的には、行動ターゲティング広告を手掛ける事業者が消費者の個人情報を別の事業者に伝達する行為などが「Share」（共有）に該当します。

この他にも、個人の権利を強化するべく、新たにセンシティブ情報を定めた上で、事業者による利用制限を消費者が要求できる権利を新設したり、また事業者に対し不正確な個人情報について訂正を求める権利を制定したりといった要求事項が条文に織り込まれています。さらには、未成年者である16歳未満の個人情報に関する違反について罰則が強化されるなど、全体的にCCPAよりも踏み込んだ厳しい規制が定められています。

3 事業者に求められる対応

(1) 適用範囲の検討

CCPA はGDPR よりも詳細な適用の要件がありますので、まずは事業者自身がCCPA の適用となるかどうかについて確認する必要があります。具体的には、次の要件がすべて該当する場合、当該事業者はCCPA の適用対象となります。

CCPA の適用対象要件

No.	要件
1	営利目的の法人や組合等
2	消費者の個人情報を取得し、それを処理する目的と手段を決定している（第三者が取得代行する場合も含む）。
3	カリフォルニア州で事業を行っている。
4	次の基準を1つ以上満たしている。 ①年間総収入が2,500万ドルを超える ②年間5万件以上の個人情報を単独または組み合わせで購入し、または事業者の商業目的で受け取り、販売し、または共有している。 ③個人情報の販売が、年間収入の50%以上を占める

なお、要件には業種や州外拠点の有無は言及されておらず、日本拠点であっても適用となる可能性があることから、自社だけでなく子会社やその他のグループ会社が対象に含まれるかについても確認する必要があります。例えば、E コマース事業やゲームアプリ事業のように、現地に拠点はなくともサービス対象エリアを限定せずにビジネスを展開する事業会社は、上記図表のNo.4 の基準を満たしていないかどうかを確認することが望ましいといえます。

さらにCPRA では、ジョイントベンチャーや複数企業から構成されるパートナーシップ企業に関しても適用対象となる可能性があるため、新たな法規制の適用範囲の拡大に向けた対応についても慎重な検討が必要です。

(2) CCPA要件の対応

適用される事業者に求められる対応として、消費者への通知と消費者の権利への対応について、次の表で整理しています。

▌事業者が実施すべき消費者への対応例▐

分類	CCPAの要件	対応例
消費者への通知	消費者が権利行使を要求する際の受付手段は2つ以上利用できるようにし、(オンラインのみでの運営などの一定の条件を満たす場合を除き)1つは着信課金の電話番号を含めること。	問合せ窓口として、フリーダイヤルと電子メールアドレスを公開する。
	プライバシーポリシーを公開し、少なくとも12ヵ月に1回は見直しを行い、更新すること。	リスク管理部門やコンプライアンス部門が、規程類の年次更新のタイミングでプライバシーポリシーの記載内容をチェックし、必要に応じて修正を行った上でHP上に公開する。
消費者の権利への対応	消費者は、個人情報の販売(可能性がある場合を含む)の中止を求める権利を有していること。	HP上に、オプトアウトを表明するボタン「Do Not Sell My Personal Information」と題した画面を設計し、公開する。
	消費者はCCPA上の権利を行使したかどうかに関係なく、他の消費者と同等に取り扱われる権利を有していること。	特典付きメール(プロモーションメール)の送付にあたっては、消費者がCCPA上の権利を行使したかどうかの情報がマスキングされた状態の顧客リストを参照した上でマーケティング部門によって選定、発送が行われるような処理手続とする。
	消費者からの問合せ対応担当者全員に対し、CCPAの要件および消費者の権利行使の対応方法について研修を実施すること。	コンプライアンス部門が、カスタマーサポートデスク担当者に対し、CCPAの要件および問合せ対応に関する研修を企画し、実施する。

4 罰則

CCPAでは、違反の通知を受けてから30日以内に是正しない場合には、差止命令や1件につき最大2,500ドル(故意による違反の場合は最大7,500

ドル）の民事罰が定められている（第1798.155条）ほか、損害賠償については、1件（1人あたり、1事故ごと）につき最大750ドルを請求することができるとしています（第1798.150条）。すなわち、請求総額の上限が規定されていないことから、消費者の提訴（特に集団訴訟）によっては請求金額の総額が高額となるおそれがあります。

CCPAの施行以降、実際に情報漏えい事故が発生した衣料品メーカーおよびその販売サイトのプラットフォーム事業者に対する集団訴訟（最終的に、衣料品メーカーが40万ドル支払うことに合意）をはじめとして、その他にも小売業者やソフトウェア事業者に対する集団訴訟がすでに起こされています。

さらに、CPRAでは消費者による訴訟の対象となる個人情報の範囲が拡大されるとともに、新たな執行機関としてカリフォルニア州プライバシー保護局（California Privacy Protection Agency：CPPA）が設置されることとなり、法執行の体制強化が図られています。

5 全米レベルにおける今後の規制強化

近年、世界の様々な国で、プライバシーに関する法規制の新たな制定や改正の動きが活発になっていますが、米国においてもカリフォルニア州をはじめ、ニューヨーク州、ペンシルベニア州、マサチューセッツ州、ワシントン州といった州レベルの規制を整備しようとしているだけでなく、全米レベルでプライバシーにかかる規制を包括的に実施しようとする取り組みが継続的に検討されています。例えば、2020年以降検討が進められているデータプライバシー法案（Consumer Online Privacy Rights Act、COPRA：消費者オンラインプライバシー法）や、SAFE DATA Act（データアクセス、透明性、アカウンタビリティ確保のための米国のフレームワークを定める法律）等の議論が進められており、2022年7月には下院のエネルギー・商業委員会が「米国データプライバシー保護法案（American Data Privacy and Protection Act：ADPPA）」を可決し、審議が行われています。

事業者にとっては、拠点の所在地や事業展開している活動領域（州）だけにとらわれるのではなく、このような全米レベルの規制を見据えた対応を求められる日が近い将来迫りつつあるのではないかと考えられます。

6 EU一般データ保護規則（GDPR）に対応していれば大丈夫？

CCPAでは、表「CCPAの適用対象要件」からもわかるように、GDPRとは異なり事業者の規模が考慮されており、小規模の事業者は適用対象外としています。また適用となった場合には、GDPRと比べてもより厳しい要件（例えば消費者の請求窓口の1つには着信課金の電話番号を含める必要があること）もあれば、緩やかな要件（例えば消費者からの権利行使による要求への対応期限を45日以内とすること）もあります。

消費者の権利を重視し、かつ違反に対しては厳正に対処するというスタンスは両者共通の考え方ではあるものの、個別の要件やその対処方法か必ずしも同一とはならないことから、すでにGDPR対応が済んでいる事業者であってもCCPA固有の要件を正しく把握し、適切に対応していくことが重要です。

コラム

子供のデータと教育データとしての利活用

子供は、大人に比べて十分な判断能力を有しないことなどから、プライバシーの観点からも特に保護が必要な対象とされています。

例えばEUでは、原則16歳未満の子供のデータを事業者が取得する際は、保護者からの同意取得が求められています（GDPR第8条）。同様に米国でも、児童オンラインプライバシー保護法（COPPA）が2000年に施行され、13歳未満の子供を対象として、商業用のウェブサイトやオンラインサービスにおいて子供の情報を扱う場合の親からの同意取得が求められており、その他にも関連法が制定されています。なお、日本の個人情報保護法においては、現在のところ子供の個人情報に関する定めはありません。

他方で、子供に関する情報をデジタル化し、教育に利活用するという取り組みについての検討が始まっています。日本では、2020 年 6 月に設置された文部科学省の「教育データ利活用に関する有識者会議」において議論が進められています。

「教育データの利活用に係る留意事項（令和 5 年 3 月）」（以下、「留意事項」）によれば、「全ての子供一人一人の力を最大限に引き出すためのきめ細かい支援を可能にすること」が教育データの利活用の目的であり、子供に関するデータを教育データとして利活用するため、子供、保護者、学校との情報連携や、連携研究機関や学校設置者による施策や政策立案など、多様な形で教育に活用されることが期待されています。

より具体的には、例えば子供の学習時間や成績などを継続的かつ詳細に分析することで学習効率の向上に寄与したり、貧困状態にある子供についてデータ分析を通じて早期に特定し、行政や学校から「プッシュ型」の支援を行ったりといったことなどが挙げられます。

このように子供のデータの利活用は歓迎される側面がある一方で、子供のプライバシーをいかに保護するかという問題とセットで考える必要があります。「留意事項」によれば、子供の個人情報を守ることはもちろんのこと、プライバシーにも配慮する必要があることを示した上で、以下の点などについても言及されています。

- 各主体（学校、連携研究機関等、利活用に関わる関係組織）の自律的な取り組みと連携・協力
- PIA（プライバシー影響評価）の実施
- データガバナンス体制の構築
- プライバシー・バイ・デザイン[1]の導入

これらは子供のプライバシーを守るための重要な施策ではありますが、利活用にあたっては単なる理念や一般論にとどまらない、具体的な場面の想定や明確なルールを設ける必要があり、今後のさらなる深い議論がまたれるところです。

---

1 プライバシー・バイ・デザイン：システムの企画・設計段階からあらかじめ個人情報およびプライバシーを保護する施策を組み込んでおき、システムのライフサイクル全体を通してプライバシー保護の取り組みを一貫して実施する考え方。

Q 2-11

中国における個人情報保護に関する法規制について教えてください。また、日本の個人情報保護法と比較して注意すべき点があれば教えてください。

A

1 中国におけるデータ保護に関する法規制

中国には、個人情報を含むデータ保護に関して3つの法規制が存在します。すなわち、2017年6月に施行されたサイバーセキュリティ法（インターネット安全法ともいいます）、2021年9月に施行されたデータセキュリティ法、そして2021年11月から施行開始となった個人情報保護法です。これらを合わせて「データ統制3法」と呼ばれることもあります。中でも個人情報保護法に関しては、中国で個人情報保護に焦点を当てた法律が初めて制定されたという点において、大きな注目を集めています。

サイバーセキュリティ法は、主として情報通信やインターネット関連に関わる情報ネットワーク運営者に対して様々な規制を課しています。具体的には個人情報収集時および第三者提供時の同意取得や、ネットワークセキュリティ保護などが挙げられます。さらに情報ネットワーク運営者のうち重要情報インフラ運営者に該当する事業者には、中国国内で取得、生成された個人情報および重要データを国内で保管することが義務化され、国外へのデータ移転は原則的に禁止されるとともに、業務上やむを得ず国外に提供する必要がある場合には2021年9月に施行されたデータ域外移転安全評価弁法に従って安全評価を実施しなければならない、といった厳格な要求事項が上乗せされています。

またデータセキュリティ法は、データの利活用の促進やデータのセキュリティを確保し、個人・組織の権利、国家の主権・安全を維持する目的として制定されました。中国国内で取り扱われるデータすべてがこの法規制の対象となっており、データを「国家の核心データ」「重要データ」に分類して管理する仕組みを構築した上で、中国当局の指揮下でデータを重要な要素とするデジタル経済の発展を図っていくことを目指しています。すべての中国企業は以下の義務を課されており、違反に対してはその内容に応じて、例えば当該組織に対して5万元から最大200万元の罰金や業務改善命令、営業停止といった措置がとられるとともに、直接の責任者に対しても5万元から20万元の罰金が科せられる場合があるという厳しい規定となっています。

データセキュリティ法・企業（すべての中国企業）に課された義務

①データ安全管理制度の構築
②データ安全教育の実施
③技術的な安全管理措置等の構築
④リスクに関するモニタリングの実施
⑤セキュリティ上の欠陥・脆弱性の発見時における即時の是正
⑥事故発生時の速やかな対応、本人への通知および当局への報告

2 中国の個人情報保護法成立の背景

中国の個人情報保護法は2020年10月に作成された草案をもとに審議が重ねられ、2021年8月に国会（全国人民代表大会）で可決されたのち、同年11月から施行が開始されています。人口14億人を超える中国では、大手プラットフォーマーをはじめとする自国の民間企業が大量の個人情報を収集し、積極的に利活用を推進しており、そのような状況に対して規制を設けるとともに、これらの情報を保護しつつ安易に国外に持ち出されることのないよう法整備が進められ、本法が成立したという背景があります。

■データ統制３法の比較■

項目	サイバーセキュリティ法	データセキュリティ法	個人情報保護法
適用開始	2017 年 6 月	2021 年 9 月	2021 年 11 月
保護対象となるデータ	ネットワークデータ・環境	電子的またはその他の手段により、情報を記録したすべてのデータ	個人情報（個人を特定可能な情報。匿名加工処理された情報は含まない。）
適用地域	中国国内	国外への移転（域外移転）も対象	中国国外から中国国内に商品・サービスを提供する目的など、特定の場合は国外も対象
分類管理	サイバーセキュリティ等級区分保護制度と重要情報インフラの保護強化	データ分類・等級区分保護制度と重要データカタログ	分類管理義務あり
安全管理者	重要情報インフラ事業者の場合、任命が必要	重要データ処理者の場合、任命必要	個人情報の数が国のインターネット情報部門が規定する数に達した個人情報処理者の場合、任命が必要
重要データの越境提供	国のインターネット情報部門による安全評価が必要	具体的なルールは未定	・プライバシー影響評価（PIA）を事前に行う ・個人への通知及び個人の同意を得る ・重要情報インフラ事業者・一定数に達した個人情報処理者の場合、①国のインターネット情報部門のセキュリティ評価に合格すること　②専門機関の認証を受けること　③当局が作成する標準的な契約に基づいて国外の受取人と契約すること　のいずれかの条件を満たす必要あり
国外の法執行機関への提供	規定なし	一般的に禁止	一般的に禁止
共通点	リスク報告義務、緊急時対策の策定、従業員に対する安全教育研修の実施、原則としてデータの国内保存、定期的なリスク評価の実施、対応する安全管理措置の適用		

3 中国の個人情報保護法の概要

中国の個人情報保護法で定める個人情報は、次の図のように整理することができます。日本の保護法における個人情報と比べて大きな違いはありません。

また、個人情報の中にはセンシティブ情報が設けられています。これらは仮に漏えいしたり不法に使用されたりした場合、個人の人権侵害をもたらすか、本人または財産の安全を脅かす可能性がある情報であり、具体的には生体認証情報、医療健康情報、宗教信仰、特別な身分（特定身分情報）、金融口座、移動履歴、14歳未満の未成年の個人情報などが該当します（法第28条1項）。これらのセンシティブ情報を取り扱う際には、あらかじめ本人の同意（14歳未満の個人情報の場合は父母または後見人の同意）が必要とされています。さらに、事業者は事前にプライバシー影響評価（PIA）を実施して、当該センシティブ情報の処理状況について記録することが求められています（法第55条）。

個人情報の分類

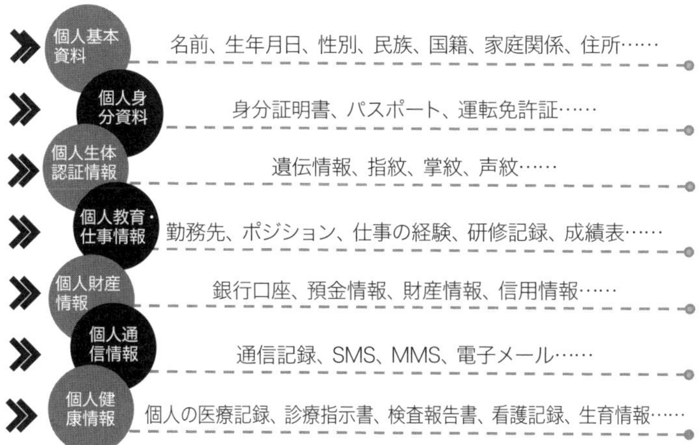

4 個人情報処理者の義務

個人情報処理者は、個人情報の処理に関する責任を負うとともに、取り扱う個人情報の安全を保障するために必要な措置を講じなければならないと定められています（法第９条）。

個人情報処理者に求められる義務規定は、「日常的に実施すべき事項」「定期的に実施すべき事項」「特別なケースにおいて対応すべき事項」の３つに分類することができます。このうち３つ目の特別なケースにおける対応事項としては、PIA の実施やインシデント発生時の速やかな対応など、EU 一般データ保護規則（GDPR）と同等の厳格な措置の実施が要求されている点が特徴です。

個人情報処理者の義務

区分	内容	備考
日常義務	・本人への告知義務 ・内部管理制度および処理手順の制定 ・個人情報の分類管理 ・適切な暗号化、非識別化等の技術的なセキュリティ対策の実施 ・個人情報の運用権限の合理的な決定、実務者への定期的な安全教育・訓練の実施 ・個人情報のセキュリティインシデントに対するコンティンジェンシープランの策定と実施	
定期義務	・個人情報の取扱いに関する法令・行政規則の遵守状況の監査	
特別な場合	・センシティブな情報を処理するとき ・自動化された意思決定のための個人情報の利用 ・個人情報の委託処理、他の処理者への個人情報の提供、および個人情報の開示 ・個人情報の国外への提供 ・その他、個人の権利や利益に重大な影響を与える個人情報の処理活動	個人情報処理者は、個人情報の保護に関する事前の影響評価を行い、処理の記録を残す必要あり。（法第 55 条）
	・個人情報の漏えい、改ざん、紛失が発生した、あるいは発生する可能性がある場合	個人情報を取り扱う者は、速やかに是正措置を講じ、個人情報保護の業務を履行する部門または個人に通知する必要あり。（法第 57 条）

5 罰則

個人情報保護法に違反して個人情報を取り扱ったり、法で定められた要求事項を遵守しなかった場合等で、その違反が重大な場合には、個人情報処理者は最大で5,000万元または前年の売上高の5%の罰金を科せられるとともに、関連事業の停止や事業認可の取り消しを受ける可能性があります(法第66条)。

さらにこうした違反行為の事実に関しては信用情報システムに記録され、広く公表されることになっているため、制裁金という財務的なインパクトにとどまらず社会的な信用の低下も招くことになりかねません。

6 日本企業が留意すべき事項

中国の個人情報保護法については、中国国内に拠点を有している企業はもとより、拠点がなくても中国国内の個人情報を取り扱うような、例えばインターネットビジネスを展開する企業は適用対象となる可能性が高いため、注意が必要です。

中国で事業を行う場合には、中国国内の個人情報を安全に取り扱うためのセキュリティ対策を十分に検討するとともに、当該個人情報の保存場所を確認の上、国外へのデータの越境が発生していないか、仮に海外のグループ企業間で共有すべき個人情報が存在する場合には所定の影響評価を適切に実施しているか、といった中国特有の要求事項への対処について慎重に確かめることが重要です。

中国はこれまでAIの開発や利活用を国家プロジェクトとして位置づけ、その上でAIを通じた大量の個人情報の解析や生体認証技術への応用といった取り組みを推進してきました。その一方で、こうした個人情報の取扱いを無制限に拡大するのではなく、国家として一元管理の徹底を主眼に厳格な管理方針を打ち立てることで、個人情報保護法の立案および法整備を進めてきました。

こうした動きが中国のみならず、世界的に広がりを見せている状況の中で、欧米を含めたデータ主権を巡る国家間のせめぎ合いは今後ますます熾烈化していくことが想定されます。企業においては海外ビジネスにおけるデータの取扱いに関する事業リスクを適切に見極めた上で、明確な方針を取り決め、プライバシーポリシーなどで開示していくことが、個人情報管理の基本となってきます。

Q 2-12

個人情報保護に関する制裁にはどのようなものがありますか？また、制裁金を科されるリスクに対して企業が取り得る対策のポイントがあれば教えてください。

A

1 GDPRにおける制裁金の規定

世界各国の個人情報保護規制をみると、制裁に関しては禁固刑が取り決められている法令や制裁金が科されている国もあります。このうち制裁金については、2018年より適用が開始されたEU一般データ保護規制（GDPR）が脚光を浴びました。GDPRでは法令上の要求事項の実効性を高めるために高額な制裁金を規定している点が特徴で、実害が生じた場合に限定されず、GDPR上の義務違反のみでも制裁金を科されるおそれがあることに注意が必要です。

GDPRの義務違反に対する制裁金

罰金の最大額	違反内容の例
【GDPR第83条4項】企業の世界全体における年間売上高の2%または1,000万ユーロ（いずれか高い方）	・個人データの取扱いに関し、適切な技術的、組織的安全管理対策を実施しなかった場合（そのような措置を取らない情報処理者に個人データの処理を委託する場合も含む） ・個人データの処理に関する記録を残すことが義務付けられているにもかかわらず、記録を書面で保持していない場合 ・個人データの侵害（情報漏えい等）が発生したにもかかわらず、監督機関に対し適時に通知しなかった場合 ・データ保護責任者（DPO）の選任が義務付けられているにもかかわらず、任命していない場合
【GDPR第83条5～6項】企業の世界全体における年間売上高の4%または2,000万ユーロ（いずれか高い方）	・個人データの処理に関する原則を遵守しなかった場合 ・同意に関する条件を遵守しなかった場合 ・個人データの域外移転に関するルールを遵守しなかった場合 ・監督機関からの命令に従わなかった場合

上記の表を踏まえると、留意すべきポイントとして2点挙げることができます。1点目は、制裁金がGDPR違反を犯した特定の海外法人ではなく、「世界全体」の売上高の最大4%や2%といったような算定となっており、結果として制裁金が非常に高額になりうることです。2点目は、2つの類型のうち、個人の基本原則やデータ主体の権利に関わってくるような条項への義務違反に対して高額な罰金となっている点です。

2 GDPRにおける制裁金の事例

GDPRが施行されて以降、EUの各国において当局を通じて相次いで義務違反が摘発され、制裁金が科されるケースが数多く発生しています。

次頁の表では、これまでにGDPRの義務違反として監督機関が高額の制裁金の決定を下した事例を紹介しています。自社の情報管理体制が十分ではなく、外部からのサイバー攻撃によって情報漏えいが発生したケースや、個人の権利またはプライバシー保護の不徹底が問題視されるケースなどが、企業にとって財務的にも大きなインパクトを与える実例となっていることがうかがえます。

また、制裁金の多寡にかかわらず、監督機関が企業に対してどのような観点でGDPRの義務違反を摘発し、制裁を科すのかという点についても認識を高めておくことは重要です。そうした監督機関の着眼点も踏まえて、これまでに発生したEUにおける事例をいくつか紹介しています。

GDPRの義務違反による制裁金事例①（高額な制裁金）

制裁金の対象	担当当局	制裁金	内容
航空会社 （イギリス）	イギリス (ICO)	約250億円 (2019年7月)	・サイバー攻撃により約50万の個人情報（氏名、住所、クレジットカード情報等）が漏えい ・上記に加えてクレジットカード番号を暗号化せず保持。高等裁判所より、個人補償が命じられる（約875億円）
ホテルチェーン （アメリカ）	イギリス (ICO)	約140億円 (2019年7月)	・自社傘下の系列ホテルのシステムの脆弱性による約3億3千万人の個人情報漏えい
IT企業 （アメリカ）	フランス (CNIL)	約62億円 (2019年1月)	・透明性のある情報提供を行う義務に違反（説明責任の欠如） ・ターゲティング広告目的の処理を行うための法的根拠を備える義務に違反
IT企業 （アメリカ）	ルクセンブルク (CNPD)	約970億円 (2021年7月)	顧客データの処理方針に関し、 ・オンラインでショッピングする消費者のプライバシー保護の規制違反 ・同社のマーケットプレイスで販売する業者に比べ、自社を優遇して顧客データを利用
IT企業 （アメリカ）	アイルランド (DPC)	約290億円 (2021年9月)	個人データの取扱いに関し、以下についてデータ主体（利用者）への十分な説明が行われていない ・どのような法的根拠により取り扱うのか ・情報提供の透明性（記載内容のわかりやすさ、アクセスの容易性等）

出所：各国の監督機関がWebサイト上で公表している内容に基づき編集。

GDPRの義務違反による制裁金事例②（制裁のポイント）

制裁金の対象	担当当局	制裁金	内容	監督機関による制裁のポイント
IT企業 （スウェーデン）	ポーランド (UODO)	22万ユーロ (2019年3月)	公開情報から個人データを取得し、営利目的で利用。その際に、メールアドレスが不明な本人に対しては、情報提供に高い費用がかかるため、ウェブサイト上での通知にとどめた。	制裁金を科すにあたり、UODOは当社が違反行為を止める措置を何ら取らなかった点、また、対応の意思を示さなかった点も考慮した。

IT 企業（ドイツ）	ドイツ（DPA）	2万ユーロ（2018年11月）	チャットプラットフォームを使用する33万人の個人データがハッカーによる攻撃を受け、当該データがインターネット上で公開された。	制裁金を科すにあたり、DPAは以下の点を考慮した。 ・適切な時間内に、当社がDPAおよびデータ主体にデータ侵害に関する通知を行ったこと ・DPAに十分に協力したこと ・DPAが提案したセキュリティ強化是正案に迅速に従ったこと
医療機関（ポルトガル）	ポルトガル（CNPD）	40万ユーロ（2018年10月）	システムのアカウント管理が以下の通り不十分であることが判明した。 ・勤務医の数よりもはるかに多数の有効なアカウントが存在 ・勤務医の専門性に関わらず、勤務医は全患者のファイルにアクセス可能 ・データベースへの適切な権限付与を行わず、技師等も患者の診察ファイルを閲覧可能	CNPDは以下3点の違反を指摘した。 ・データの完全性および機密性原則に対する義務違反 ・患者の診察データへの無差別なアクセスを阻止するための、データの最小化原則に対する義務違反 ・データ管理者として、機密性および完全性を確保できなかったこと
金融機関（オランダ）	オランダ（AP）	4.8万ユーロ（2018年8月）	顧客から自らの個人データに対する請求があったときは、当該顧客に対して該当情報を速やかに提供しなければならないにもかかわらず、これらのアクセス要求には応じなかった。 監督機関（AP）は2ヶ月以内に上記請求に応じなければ制裁金を課すこととした。	APは調査完了後、当行が顧客のアクセス権請求に対応するため、2ヶ月間の猶予期間を与えた。APは強制力を持たせるために、2ヶ月経過しても上記請求に応じない場合は、期日から1週間ごとに1万2千ユーロの制裁金を科すこととした（最大6万ユーロ）。

出所：各国の監督機関がWebサイト上で公表している内容に基づき編集。

3 日本における制裁金

日本では2020年の個人情報保護法の改正（令和２年改正法）を受け、現在定められている罰金刑としては次の通りとなっています。

▌令和２年改正法前後の罰金刑の比較▐

罰金の対象事項	対象者	令和２年改正法前	現行法
個人情報保護委員会からの命令への違反	行為者	30万円以下	100万円以下
	法人等	30万円以下	１億円以下
個人情報データベース等の不正提供等	行為者	50万円以下	50万円以下
	法人等	50万円以下	１億円以下
個人情報保護委員会への虚偽報告等	行為者	30万円以下	50万円以下
	法人等	30万円以下	50万円以下

出所：個人情報保護委員会「改正個人情報保護法の一部施行に伴う法定刑の引上げについて」（https://www.ppc.go.jp/personalinfo/legal/kaiseihogohou/）〔最終アクセス日：2023年6月6日〕

日本の個人情報保護法では、このように違反を犯した行為者とその法人との双方に罰則を科すという、いわゆる両罰規定が採用されていますが、従来法人に科せられる罰金は最大で30万円ということもあり、違反行為に対する制裁という意味では抑止効果は高いといえませんでした。令和２年改正法によって新たに創設されたデータベース提供罪や、個人情報保護委員会による命令違反では、法人に対しては行為者よりも罰金刑の最高額を最大１億円にまで引き上げるなど、個人情報の取扱いに関するペナルティの在り方については強化する方向で見直しが行われました。

一方、ペナルティ強化の観点からは、いわゆる課徴金制度の導入が検討されたものの、令和２年改正法においては見送りとなった経緯があります。日本では個人情報保護法違反による罰金の執行事例自体がこれまでになく、経済界からも慎重な意見が出ていました。課徴金に関しては個人情報保護法の３年ごとの見直しの中で、今後継続的に検討を進めていくことになっています。

4 制裁金リスクへの対応

日本の個人情報保護法における罰則規定については上記のとおりですが、海外に拠点を有するグローバル企業にとっては、設置された各拠点に適用される法規制が制裁金に関してどのように定めているのかに留意しなければなりません。特に欧州に子会社や営業店が存在する場合には、GDPR を見据えた制裁金リスクを考慮する必要があります。

GDPR に基づく制裁金の発生事例は先に述べたとおりですが、これらのケースを踏まえて監督機関が重視しているポイントを整理すると、以下の３点を挙げることができます。

①透明性の確保（Transparency）
- 本人（データ主体）に伝達すべき情報が明解であり、当該情報に容易にアクセスできること
- 個人情報が誰によってどのような目的で収集されるのか、容易に理解できること

②個人情報の最小化（Data minimization）
- 必要なデータしか収集せず、必要な期間しか保持しないこと
- データへのアクセス権は必要最小限にとどめること

③当局（監督機関）への協力姿勢（Communication）
- セキュリティインシデント発生時に速やかに通知、報告すること
- 当局からの是正案、措置命令に対し迅速に対応すること

上記のうち、①と②は万が一にも制裁金を科される事象の発生に備えて講じておくべき予防的措置です。また③に関しては、実際にセキュリティ侵害が発生した場合に企業がとるべき事後的な対応措置です。

ひとたびインシデントが発生してしまうと、特に GDPR では高額な制裁金を科されるリスクを抱えることになりますが、日頃から有事に備えた対応を心がけておくことで、企業として自社の財務に及ぼす影響や風評リスクを極小化することができますので、とるべき対策としては、安全管理措置や個人の権利対応の観点から、社内でのルールや体制づくりといった管理状況の整備が重要な意味を帯びてきます。

Q 2-13

個人情報の漏えいに関する日本の規制はどのように変化していますか？

A

1 個人情報の漏えい事故と環境変化

かつて企業が書面の個人情報を中心に取り扱っていた時代に比べ、電子化されたデータを大量に保有する現代においては、個人情報の漏えいリスクは飛躍的に高まっています。個人情報は自社の内部利用にとどまらず、グループ企業や取引先との間で国内外問わず流通し、クラウド事業者など外部の委託先にデータを預けて保管するといった形態も珍しくありません。外部記憶媒体の容量も大幅に増加し、大量の個人情報を持ち運ぶケースにおいても紛失リスクを増大させています。

個人情報の漏えい事故／原因別内訳

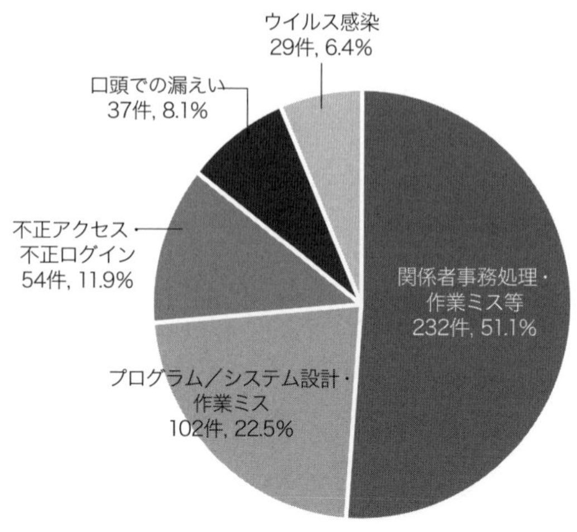

出所：一般財団法人日本情報経済社会推進協会（JIPDEC）「2020 年度　個人情報の取扱いにおける事故報告集計結果（2021 年 10 月 ）」（https://privacymark.jp/system/reference/pdf/2020JikoHoukoku_211005.pdf）

こうした中、個人情報の漏えい事故・事件は企業の規模に関係なく、毎年様々な業種において発生しています。また漏えいに至る原因についても、社内における事務処理・作業ミスや情報の持ち出しをはじめ、外部からの不正アクセスなど多岐にわたっています。

2 これまで漏えい時に求められていた対応

従来、漏えい等事案が発覚した場合、個人情報取扱事業者は、
①事業者内部における報告および被害の拡大防止
②事実関係の調査および原因の究明
③影響範囲の特定
④再発防止策の検討および実施
⑤影響を受ける可能性のある本人への連絡（事案に応じて）
⑥事実関係および再発防止策等の公表（事案に応じて）
といった対応を行うとともに、こうした事案に関する事実関係および再発防止策等について、個人情報保護委員会等に対し、速やかに報告することが望ましい措置とされてきました。

また金融機関においては、当局に対して直ちに報告するとともに、当該事案等の対象となった本人に対しても速やかに当該事案の事実関係等の通知を行うことが義務付けられており、一般の事業会社に比べて厳しい対応が従前より求められています。

3 令和２年改正法による新たな規制

このように、業法等で監督当局への報告が義務付けられている場合を除き、努力義務にとどまっていた漏えい対応でしたが、令和２年改正法においてはその考え方が個人情報保護ガイドライン（通則編）において明確化され、「個人の権利利益を害するおそれが大きい場合」には、すべての個人情報取扱事業者において、個人情報保護委員会および本人への通知が義務化されました。

具体的には、個人データの漏えいに該当するケースとして、以下の事例が例示され、また個人データが流出した場合であっても当該データを第三者に閲覧されないうちにすべてを回収できた場合は、漏えいに該当しない旨についてもガイドラインの中で明記されています。

個人データの漏えいに該当する例

①個人データが記載された書類を第三者に誤送付した場合
②個人データを含むメールを第三者に誤送信した場合
③システムの設定ミス等によりインターネット上で個人データの閲覧が可能な状態となっていた場合
④個人データが記載または記録された書類・媒体等が盗難された場合
⑤不正アクセス等により第三者に個人データを含む情報が窃取された場合

さらに、「個人の権利利益を害するおそれが大きい場合」に該当する個人データとして、以下の4つの分類が示されました。

①要配慮個人情報が含まれる個人データ
②不正に利用されることにより財産的被害が生じるおそれがある個人データ
③不正の目的をもって行われたおそれがある個人データ
④漏えいの人数が 1,000 人を超える個人データ

なお、個人データの漏えいに関して、従来法と改正法を比較した場合の対応は次の図の通りです。

個人データの漏えい時の対応比較

従来法

望ましい対応		努力義務
①事業者内部における報告及び被害の拡大防止 ②事実関係の調査及び原因の究明 ③影響範囲の特定 ④再発防止策の検討及び実施 ⑤影響を受ける可能性のある 本人への連絡 ※ ⑥事実関係及び再発防止策等の公表 ※		個人情報保護委員会等への速やかな報告

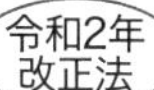

令和2年改正法

必要な対応（義務規定）
①事業者内部における報告及び被害の拡大防止 ②事実関係の調査及び原因の究明 ③影響範囲の特定 ④再発防止策の検討及び実施 ⑤個人情報保護委員会への報告及び本人への通知

※ 事案に応じて

その他、個人情報保護委員会への報告および本人への通知に関しても、内容と実施時期が次のように整理されています。

個人情報保護委員会への報告

報告事項	報告時期・方法
①概要 ②漏えい等が発生した、または発生したおそれがある個人データの項目 ③漏えい等が発生した、または発生したおそれがある個人データにかかる本人の数 ④原因 ⑤二次被害またはそのおそれの有無およびその内容 ⑥本人への対応の実施状況 ⑦公表の実施状況 ⑧再発防止のための措置 ⑨その他参考となる事項	以下の２段階 〈速報〉 報告対象事態を認識した際、個人情報保護委員会が公表している所定のフォームにて速やか※1に報告 〈確報〉 当該事態を認識した日から30日以内（または60日以内※2）に報告

※１　概ね３～５日以内。
※２　漏えいしたのが「不正の目的をもって行われたおそれがある個人データ」である場合は60日。

本人への通知

報告事項	報告時期・方法
①概要 ②漏えい等が発生し、または発生したおそれがある個人データの項目 ③原因 ④二次被害またはそのおそれの有無およびその内容 ⑤その他参考となる事項	郵便による文書の送付、電子メールの送信等により、当該事態の状況に応じて速やか※に通知

※その時点で把握している事態の内容、通知を行うことで本人の権利利益が保護される蓋然性、本人への通知を行うことで生じる弊害等を勘案して個別に判断する。

4 企業に求められる漏えい対応の準備

個人情報が漏えいしないように適切な安全管理措置を講じることは重要ですが、どれほど最適な対策をとっていたとしても、個人情報の漏えいを完全に防ぐことはできません。事前の予防的な安全対策だけでなく、個人情報の漏えいが発生した際の事後的な対応手順を前もって定めておき、日頃から有事に備えるような体制の整備が不可欠です。

そのためには、まず自社が取り扱う個人情報がどこにどれだけ存在するのかという個人情報の棚卸を行い、個人情報管理台帳のようなリストを作成し、情報の一元管理を行うことが有用です。その中でも、要配慮個人情報が含まれる個人データに関しては、先に述べたように「個人の権利利益を害するおそれが大きい場合」として個人情報保護委員会および本人への通知が必要となったことから、これらの情報の管理状況を台帳上で適時に把握しておくことが重要です。

さらに漏えい発生時には事実関係を整理し、その原因や再発防止策を講じるための対応手順を整備するとともに、これらを速やかに経営層にエスカレーションするフローも定めておく必要があります。情報漏えいは現場部門だけで対処すべきものではなく、会社全体の重要課題として経営者が自ら前面に立って指揮をとる事項であることを前提とした体制を構築することが重要です。

情報漏えいの報告体制整備は、平時ではなく非常時対応であることから優先度が下がりがちです。しかしながら、令和２年改正法によって、個人データの漏えい時に本人通知および個人情報保護委員会への報告を怠った場合、個人情報保護委員会による勧告または命令の対象となります。加えて社会的影響が大きな漏えい事案になれば、漏えいそのものが引き起こす経済的損失だけでなく、発生後の不適切な対応による風評被害など、企業としての信頼性が失墜することによるビジネス上のリスクもはらんでいることも想定しておかなければなりません。

したがって、事業者としては情報漏えいがいつ起こるか予測できないからといって対応を後回しにするのではなく、有事に備えた管理体制と社内規定、手順書の整備を早期に進めておくことが重要です。

情報漏えい時の危機管理体制の例

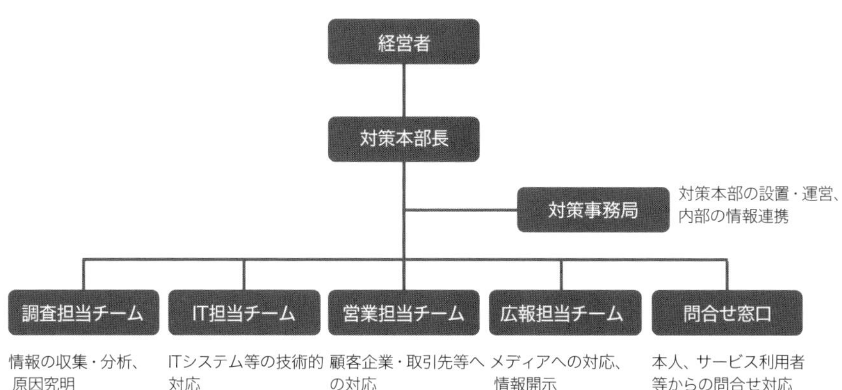

PART 3

これからの個人情報／プライバシー管理についてのＱ＆Ａ

Q 3-1

新型コロナウイルス感染症（COVID-19）のまん延に伴い、企業が個人情報の取扱いにおいて新たに注意すべき事項はありますか？

A

1 パンデミックに伴うプライバシー上の新たな課題

新型コロナウイルス感染症（COVID-19）の世界的な大流行によって、私たちの生活様式は大きく変化しました。日々のプライベートな行動はもとより、働き方に関しても新しい日常（ニューノーマル）が生まれ、終息に向かっていく長期間の中において徐々に定着しつつあります。

企業もまた新しい環境下で経営資源を維持、成長させるべく、こうした変化に適応しようと様々な取り組みを行っています。このうち、個人情報やプライバシーに関して新たに発生した課題と対応すべき事項について整理すると、大きく以下の３点が挙げられます。

①従業員の健康状態の把握とモニター
②感染者情報の管理
③テレワークの普及とプライバシーセキュリティ

2 従業員からの個人情報の取得

企業が従業員の健康状態を把握することは、従来にも増して重要な事項となりました。特に従業員が新型コロナウイルスに感染した事実や検査結果、健康状態等の情報については、個人情報保護法上の「要配慮個人情報」に該当します（個人情報保護法施行令第２条）。要配慮個人情報については、原則としてあらかじめ本人の同意を得て取得することが必要となりますので、企業としては強制的に入手できるものではない点につき、改めて注意が必要です。なお従業員本人に限らず、従業員の家族に関する情報に関しても同様に事前同意が前提となります。

▌海外のデータ保護機関による見解１▌

データ保護機関	組織による従業員の健康情報等の取得に関する見解
EDPB （欧州データ保護会議）	雇用主が、従業員の健康状態に関する情報提供を求める際は、各国の国内法が許容する範囲でのみ求めるべきであり、従業員の健康状態の確認も、国内法で義務付けられている場合に限って行うべきである。
CNIL （フランス）	雇用者（組織）は、従業員等の健康と安全に責任を有し、適切な労働環境を確保する役目があり、GDPR に従って法的義務の遵守に厳密に必要な場合に、従業員等の個人データを処理する権利を有する。 個人の健康状態に関するデータは、そのセンシティブな性質上、原則として取扱いが禁じられている。かかるデータを取り扱うためには、GDPR 上の例外規定の１つに当てはまる必要がある。
BfDI （ドイツ）	健康データは、GDPR 第９条に従って特に保護され、基本的に制限された方法でのみ取扱いが可能だが、コロナパンデミックを封じ込めたり従業員を保護したりするための様々な対策にデータを収集して使用できる。
Garante per la protezione dei dati personali （イタリア）	雇用者（組織）は、事前に組織的かつ一般化された方法で、被用者等の病気の徴候や業務環境に関連しない情報を収集することは差し控えなければならない。 コロナウイルス特有の症状や人々の移動に関する情報を調査し、収集することは、公衆衛生ルールの確保を任務とした、保健の専門家や市民保護システムの責任において行われる。
PDPC （シンガポール）	感染大流行といった非常時は、本人の同意なく、組織が建物への訪問者に関連する個人データを収集・利用・開示が可能である。

出所：個人情報保護委員会資料（https://www.ppc.go.jp/files/pdf/kakkoku_kenkai.pdf）（各国の保護機関が公表するホームページの仮訳）に、一部筆者加筆。

3 感染者情報の公表、第三者提供

職場で感染者が発生した場合、組織としてどのように情報を取り扱い管理するかという点については、当初実務上の対応に混乱が見られることもありました。まず前提として認識しておくべきこととして、個人情報保護法上、個人データを第三者に提供する際には、原則としてあらかじめ本人の同意を得ることが必要となります（法第27条）。同時に、あらかじめ本人の同意を得ることなく、当初の利用目的の達成に必要な範囲を超えて個人情報を取り扱うことも禁じられています（法第18条）。

企業がこれらの情報を第三者に提供するケースとしては、厚生労働省や保健所等に感染者情報を提供する場合や、取引先に通知する場合などが考えられます。いずれにおいても、先に述べたように本人の事前同意が原則として必要であることを念頭に置いた上で、やむを得ない事情（例外規定）によって本人の同意なしに提供できる余地があるかどうかについて検討を行うことが重要です。

例えば、保健所から感染した従業員の行動履歴について情報提供を求められた場合には、企業は「国の機関等への協力」（法第27条1項4号）という該当事項として、本人の同意なしに情報の提供が可能であると考えられます。また、本人が入院中といった状況下で同意を得ることが困難な場合については、「人の生命、身体又は財産の保護のために必要である場合」（同2号）や「公衆衛生の向上に特に必要がある場合」（同3号）に該当するかを検討の上、同意なしによる情報提供が可能と判断するケースも考えられます。

さらに、同じ職場の中で感染者情報を公開（共有）することについても慎重に対処する必要があります。同一組織内であれば、いわゆる第三者提供には該当しませんが、企業として定めている従業員の個人情報にかかる利用目的の範囲を超えた取扱いとなる可能性があるためです。

したがって、職場に感染者が発生したという事実に限定した上で、個人を特定できない情報として他の従業員や取引先に対して伝達、共有することが実務上は適切であると考えられます。

▌海外のデータ保護機関による見解２▌

データ保護機関	従業員の健康情報等の第三者提供、公表に関する見解
EDPB （欧州データ保護会議）	従業員が新型コロナウイルスに感染したことを同僚又は外部に公表する際には、必要以上の情報を公表するべきではなく、感染した従業員の氏名を公表することが必要な場合には、まず、当該従業員に事前に通知されるべきである。
CNIL （フランス）	雇用者（組織）は、必要があれば権限のある保健当局に、感染者の医療に必要な要素について連絡することができるが、いかなる場合であっても、感染者や感染の疑いのある者の識別情報は、他の従業員に伝えられてはならない。
BfDI （ドイツ）	感染が確認され、又はその疑いが生じた者の個人情報を、当該者に接触した他の者に開示することは、当該他の者による予防措置のために例外的に個人識別情報が必要な場合に限って、適法である。
ICO （イギリス）	Q：公衆衛生上の目的で、従業員の健康に関する情報を当局に提供できるか？ A：組織が特定の個人に関する情報を当局に提供しなければならないということは考えにくいが、必要であるならば、データ保護法（イギリスの個人情報保護法）はかかる提供を妨げない。

出所：個人情報保護委員会資料（https://www.ppc.go.jp/files/pdf/kakkoku_kenkai.pdf）（各国の保護機関が公表するホームページの仮訳）に、一部筆者加筆。

4 テレワークの普及とデータ保護

従来日本におけるテレワークは、海外に比べてさほど浸透しておらず、限られた職種や企業の中で採用されてきました。近年ITインフラの整備が進み、2020年に予定されていた東京オリンピック・パラリンピック開催に向けて、首都圏における混雑緩和策の一環で大企業を中心とした一部の企業において導入が検討されていましたが、そのような中、新型コロナウイルスのまん延によって、全国的な導入が一気に加速したことで、運用上の定着に向かって少しずつ動き出しました。東京都が公表した2023年3月における都内企業（従業員30名以上）のテレワーク実施率は51.6%という結果になっており、緊急事態宣言が解除された以降も比較的高い水準を維持している状態が継続されているということができます。

こうしたテレワークが急速な広がりをみせる一方で、データの保護やプライバシーに関する新たな課題も浮上してきました。主な要因としては、企業のオフィスであれば適切に講じられているはずの数々のセキュリティ対策が、自宅における環境では必ずしも整備されていない点にあるということができます。具体的には、以下のような点が挙げられます。

(1) ネットワークセキュリティ

テレワーク環境においては、会社から支給されたPCやタブレット端末を使用するケースもあれば、従業員が個人で所有するPC、タブレット端末を使って業務を行うケースも見受けられます。いずれの場合においても、自宅からオフィスのネットワークに接続した上で、必要なデータにアクセスすることになりますが、オフィスネットワークに到達するまでに経由するインターネット環境やWi-Fi環境のセキュリティリスクを考慮した対策が必要となります。

具体的には企業が設定したVPN（仮想プライベートネットワーク）に接続することで通信内容を暗号化したり、無線LANの使用にあたっては高度な暗号化が設定されている機器（アクセスポイント）に接続した上でデータの送受信を行ったりすることが有効な手段となります。

■テレワーク環境におけるネットワークセキュリティ■

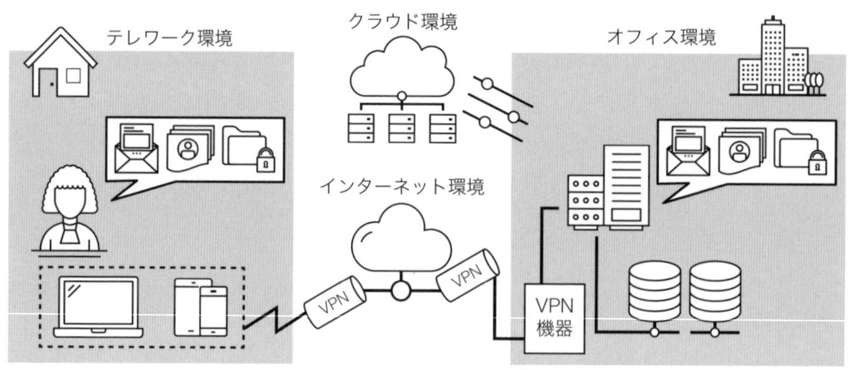

(2) 物理セキュリティ

一般家庭においては、オフィスのような厳格な物理セキュリティ対策（入退記録、施錠管理、監視カメラによるモニタリングなど）が十分にとられておらず、自宅におけるPCや機密書類の盗難リスクはオフィス環境に比べて高いという認識を持つことが必要です。

対策としては、例えばPCであれば盗難防止措置としてセキュリティワイヤーで固定することや、PCのローカルディスク上に個人データや機密情報を保存することなく、オフィスネットワーク上のサーバーや所定のクラウドに保管するといった行動を常に心がけることも重要です。また、個人情報などが記載された紙の文書や機密書類に関しては、盗難、紛失、誤廃棄を回避するために、自宅での印刷や保管はできるだけ避けることが望ましいといえます。

(3) 適切なテレワーク環境の確保

上記以外にも、自宅には様々なセキュリティリスクが潜んでいます。具体的には以下のような点に注意する必要があります。

- 執務時間中は絶えずPCを立ち上げて作業を行っている状況が続くことから、第三者（家族など）からののぞき見が行われないよう、離席時にはPCの画面をロックする。また、画面上にプライバシーフィルターを設置して、本人以外からは表示画面が見えにくいように工夫する。
- 大声でのオンライン会議による情報漏えいが起きないよう、会議に参加する部屋の防音に配慮する。
- いわゆるスマートスピーカー（AIスピーカー）は、会話を記録する可能性があるため、自宅の執務場所の近くに当該スピーカーが設置されている場合には、スイッチをオフにするかスピーカーを別の部屋に移動させる。(PART 1：1-4参照)

5 企業が取り組むべき課題

2020年に日本経済新聞社が実施した「社長100人アンケート」では、3割の回答者が2020年4月以降のサイバー攻撃が前年同期に比べて増加したという回答結果が公表されています[1]。

また、情報システムや情報セキュリティを中心に活動する国際団体であるISACAが2022年に公表したアンケート調査においても、43%の回答者が直近1年でサイバー攻撃が増加したとの結果が得られています。

サイバー攻撃の変化

Q：1年前に比べて、あなたの会社はサイバー攻撃は増加または減少していると感じていますか？
⇒ 43%が増加していると回答

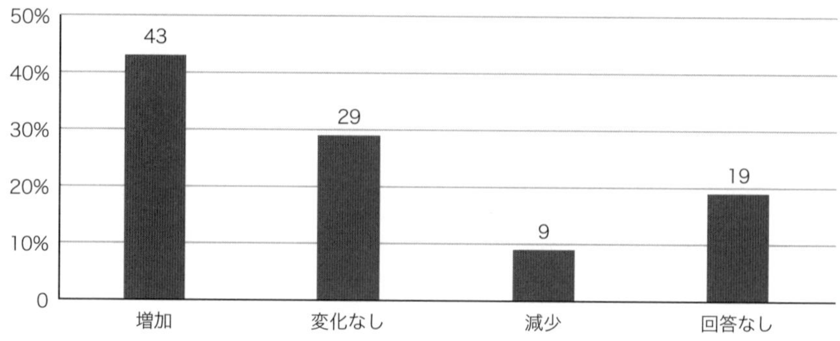

出 所：ISACA, "State of Cybersecurity 2022 Global Update on Workforce Efforts, Resources and Cyberoperations," March, 2022.（https://www.isaca.org/go/state-of-cybersecurity-2022）をもとに筆者作成。

テレワークの環境が十分に整備されておらず、新しい働き方がまだ浸透していない状況の中で、外部環境の変化に伴って発生するサイバー攻撃のような脅威は情報セキュリティのリスクを高める要因となります。企業にとって、オフィス環境を前提としたサイバー攻撃対策をこれまでいくら徹底してきたとしても、こうしたテレワーク環境のもとでは自社の管理が十分に行き届かず、インターネットやWi-Fi経由による社内システムへの接続に関して

1　2020年7月21日付日本経済新聞記事。

安全性が低下することで、気づかないうちにネットワーク上でのデータの窃取やマルウェア（不正プログラムなどのウイルス）への感染を許してしまうおそれがあるのです。

同様に、自宅で勤務する従業員の情報セキュリティリスクに対する認識が甘いと、個人情報や機密情報が不用意に外部に漏えいしてしまう危険性が高まります。

企業が認識すべき課題としては、コロナ禍を経て働き方が大きく変化した自社のビジネス環境について、改めてリスク評価を行い、その結果必要となるルールの見直しを行うことが重要です。テレワーク環境を前提とした社内規程の整備を通じて、直接目にすることが難しくなっている従業員による不適切な情報の取扱いを未然に防止し、または適時に発見できる仕組みの構築も欠かすことはできません。

また、冒頭で説明したように、新型コロナウイルス感染症への対応の一環で取り扱うべき従業員の新たな個人情報やプライバシーへの配慮についての検討も慎重に検討する必要があります。重要なのは、取得する個人情報、特に要配慮個人情報について、本来必要とされる利用目的に比べて過度に取得、利用、または第三者提供といった行為が行われていないかを考えるとともに、本人（当該従業員）にとって不意打ちと感じられるような手段、方法で個人情報を取り扱うことのないよう、企業としての誠実な対応が求められることを念頭に置く必要があります。

コラム

コロナ禍における企業の対応に関する調査レポート

EY と IAPP（International Privacy Association of Privacy Professionals：国際プライバシー専門家協会）では、企業のプライバシーガバナンスに関する考え方や取り組みについて、毎年共同で調査を実施しています。2021 年 10 月に公表されたプライバシーガバナンスレポート[2]においては、コロナ禍における企業の個人情報の取扱いについても取り上げており、ここで簡単にご紹介します。

●新型コロナウイルス感染症に関連し、企業は従業員からどのような情報を収集しているか？

アンケート調査による結果では、回答の多かった順に、①健康状態に関する情報、②体温、③コロナ検査の結果、④濃厚接触者情報、⑤ワクチン接種記録、⑥旅行等の移動履歴、⑦抗体検査の結果、といった情報でした。2020 年に比べると 2021 年においてこうした情報を収集している企業は減少傾向にあるものの、まだ 7 割の企業において情報収集が行われているとの回答が得られています。

本調査はおよそ 8 割の回答者が米国や欧州（EU、イギリス）に本社を置く企業の担当者による回答結果ではありますが、従業員の健康状態をタイムリーに把握し、組織として適切な業務環境を整備するとともに、取引先その他のステークホルダーへの説明責任を果たすことは、企業にとって今や世界共通のプラクティスとなってきていると考えることができます。

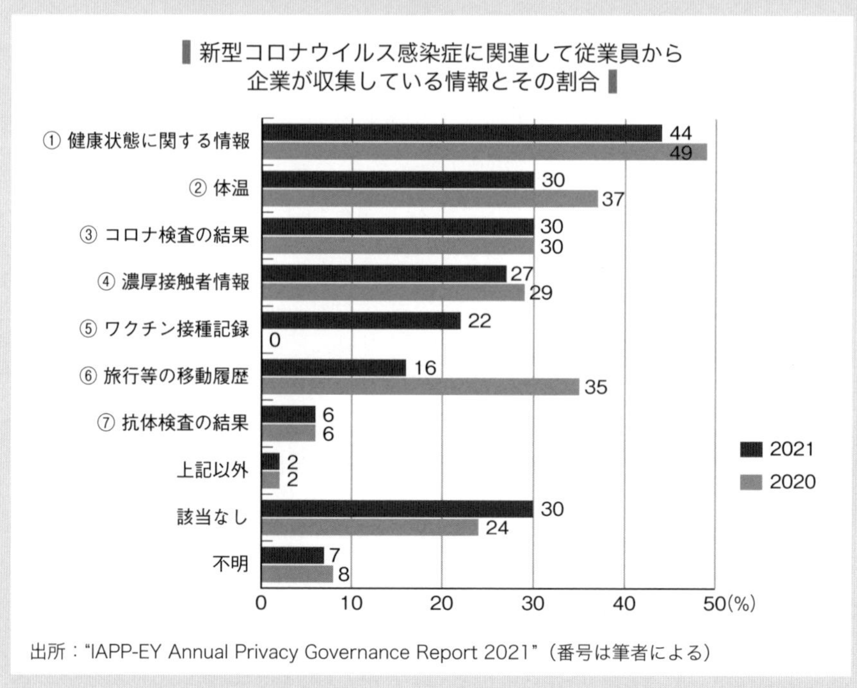

出所："IAPP-EY Annual Privacy Governance Report 2021"（番号は筆者による）

●新型コロナウイルス感染に関する従業員の情報収集にあたり、どのような対応を行っているか？

一方で、こうした従業員の情報の収集にあたっては、当該情報が他の従業員の目に触れたり不用意に流出したりすることのないよう、厳格な管理が求められます。このように、企業が新たな個人情報を収集、管理する際には、あらかじめプライバシー影響評価（PIA）の実施を通じて情報の適切な管理プロセスを構築しておくことが有効です。

この点につき、EY および IAPP が 2020 年 5 月に公表している調査レポート[3]では、15%の企業が新型コロナウイルス感染症に関連する従業員の情報を収集する際に PIA を実施していると回答しています。PIA に関しては、PART 3：Q3-4 において別途解説していますが、この調査レポートの回答結果からは、PIA を用いた管理手法は世界的にもまだまだ実用の途上にある状況だといえます。

2 EY-IAPP, "IAPP-EY Annual Privacy Governance Report 2021", 2021.
（https://iapp.org/media/pdf/resource_center/IAPP_EY_Annual_Privacy_Governance_Report_2021.pdf）

3 EY-IAPP, "Privacy in the Wake of COVID-19:Remore Work, Employee Health Monitoring and Data Sharing," May 2020.
（https://iapp.org/media/pdf/resource_center/iapp_ey_privacy_in_wake_of_covid_19_report.pdf）

Q 3-2

プライバシーガバナンスへの取り組みに向けた企業の対応や、その際の留意点について教えてください。

A

1 プライバシーガバナンスとは

近年「コーポレートガバナンス」や「情報セキュリティガバナンス」といった用語が、企業のビジネス活動における取組方針として掲げられるようになりました。ガバナンスは統治ともいわれますが、企業が自社の企業経営の目的を達成するために必要とされる内部統制やリスク管理体制といった全社的な仕組みを意味します。

同様に、ここ最近プライバシーガバナンスという言葉もよく耳にするようになりました。プライバシーガバナンスとは、プライバシー問題の適切なリスク管理と信頼の確保による企業価値の向上に向けて、経営者が積極的にプライバシー問題への取り組みにコミットし、組織全体でプライバシー問題に取り組むための体制を構築し、それを機能させることをいいます。

主に個人データを利活用したサービス・製品を提供する企業や、消費者のプライバシーへの配慮が求められるようなビジネスを行っている企業、さらにはこれらの企業と取引をしているベンダーなどが、プライバシーガバナンスを構築すべき事業者に該当するといえます。

2 対応の必要性

企業が個人情報の不適切な取扱いやプライバシーへの配慮を欠いた行動によって「炎上」し、ステークホルダーからの厳しい批判にさらされるケースが増えてきています。個人情報保護法を遵守していたとしても、こうした法令だけでは測ることのできない本人への差別や不利益といったプライバシー上の諸問題に適切に向き合うことができなければ、企業価値は低下し、ビジネスの存続にも関わる事態を引き起こしかねません。

一方で、逆の見方をすれば、こうしたプライバシーに関わる諸問題に対して積極的に取り組むことで消費者やステークホルダーに対して説明責任を果たし、社会からの信頼を高めることによって企業価値を増大させていくチャンスが生まれてくるということもできます。

世の中の価値観の変化とともに、個人のプライバシーに関する権利意識が企業のビジネスに及ぼす影響も変わってきており、こうしたビジネスと人権に関する社会の動きに対して適応していく上で、企業にとってプライバシーガバナンスの確立は必要かつ有効な手立てとなってきたといえます。

3 プライバシーガバナンスの重要性

プライバシーガバナンスへの取り組みに関して、海外に目を向けてみると、一般データ保護規則（General Data Protection Regulation：GDPR）が施行されているEUの場合、個人の権利に対する社会の意識が非常に高く、企業においてはデータ保護責任者（Data Protection Officer：DPO）の設置やデータ保護影響評価（DPIA）の実施といった取り組みも進んでおり、企業がプライバシーに関わる諸問題を経営上の課題として捉えていることが強くうかがえます。

一方日本国内においては、まだプライバシーに対する企業の意識はそれほど高くありません。あくまでも個人情報保護法という法規制の枠内における対応という観点で社内のルール整備は行われていることが多く、法令でカバーできないようなプライバシー上の諸問題に関しては認識が十分ではなく、対応が行き届いていないケースが数多く見受けられます。

▌プライバシー保護の観点で考慮すべき範囲▐

プライバシー保護の観点で考慮すべき範囲は、消費者保護とプライバシー保護の重要性に基づいて、個人情報保護法上で守られるべき範囲に限定されず、取り扱う情報や技術、取り巻く環境によって変化することから、特段の配慮が必要となる。

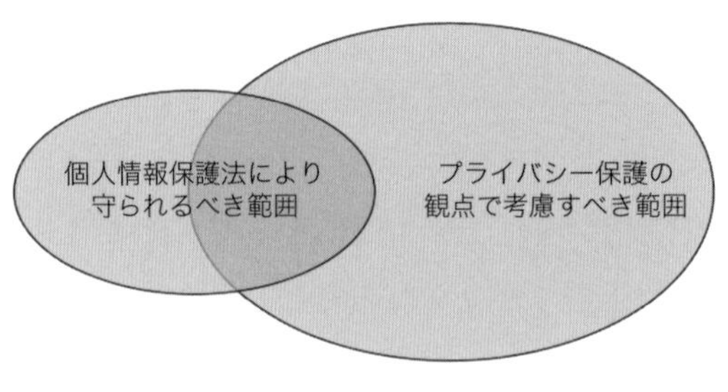

【例】
- カメラによって個人に不安や居心地が悪い感情を与える
- データが勝手に個人に結びつけられてしまい、個人にとって害のある情報も収集されるのではないかとの疑念が生じる
- 目的外利用されてしまい、自分の情報が意図に反して利用されてしまうのではないあとの恐怖と不安が生じる
- 第三者への提供により、二次利用によってさらなるプライバシー問題が引き起こされるのではないかという不安が生まれる

など…

出所：総務省・経済産業省「DX 時代における企業のプライバシーガバナンスガイドブック ver1.3」（2023 年 4 月）(https://www.soumu.go.jp/main_content/000877678.pdf)

政府が提唱しているSociety5.0、すなわち経済発展と社会課題の解決を両立する人間中心の社会を目指して新たな価値を創出する企業にとって、個人情報を主としたデータの利活用は欠かすことのできない取り組みとなってきています。

企業がプライバシーに関する諸問題の発生を抑制すべく適切に対応しなければ、データ主体（データの所有者）である消費者は個人情報の提供に関してプライバシーリスクを感じとることになります。そして、人々のプライバシーリスクへの不安や変化と相まって、社会全体にデータの利活用に対する不信感がまん延することになれば、企業によるデータの利活用は停滞し、ひいては社会の新たな進展が阻害されることになりかねません。

言い換えると、プライバシー問題への取り組みは、Society5.0 の実現に欠かすことのできない重要なものであるということができます。そしてそのためには、企業が組織全体でプライバシー問題に取り組むための体制を構築し、それを機能させること、すなわちプライバシーガバナンスを確立させることが重要になってくるのです。

4 アンケート調査結果から見るプライバシーガバナンス

一般財団法人日本情報経済社会推進協会（JIPDEC）は、2021年の8月から9月にかけて、プライバシーガバナンスに関する意識調査を企業と消費者に対して実施し、そのアンケート結果を公表しました。

（1）消費者の意識

アンケート調査からは、以下の図表の通り、消費者の意識として以下のような結果が得られています。

①消費者の7割超が、プライバシー保護に関して関心を持っている。
②消費者のおよそ7割は、金銭的利益やポイントの有無に関わらず、個人に関する情報の提供に関し慎重である。
③消費者の9割近くは、類似商品の選択の際に、企業のプライバシーへの取り組みを考慮している。

消費者の意識に関する調査結果

■プライバシー保護への関心

Q：あなたは、プライバシー保護（例えば、個人情報、個人情報に限定されない個人の行動・状態に関するデータ、プライバシー性の高い情報などの適切な取扱い）に関して、どの程度関心をお持ちですか。（消費者n=314）

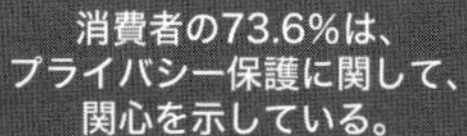

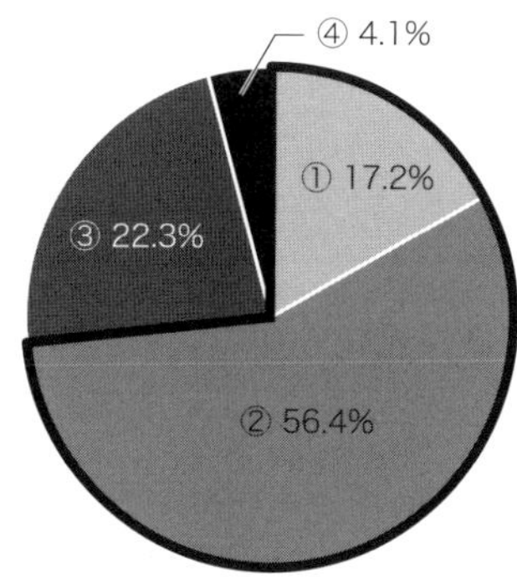

① 非常に関心がある
② やや関心がある
③ あまり関心がない
④ 全く関心がない

■個人情報の提供に対する警戒感

Q：あなた自身に関する情報を提供することについて、①〜⑤のどの考えに近いですか。（消費者n=314）

消費者の70.4%は、金銭的利益やポイントの有無に関わらず、個人に関する情報の提供に関し、慎重である。

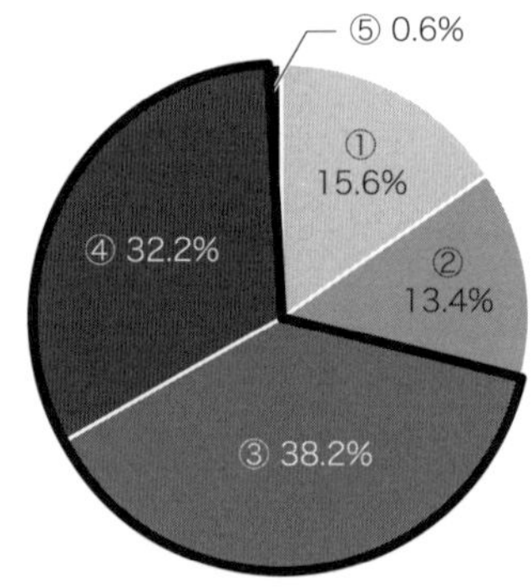

① 割引などの金銭的利益やポイントが付与されれば、自分自身に関する情報が利活用されてもよい
② 割引などの金銭的利益やポイントがなくても、より良いサービスを受けられるのであれば、自分自身に関する情報が利活用されてもよい
③ 割引などの金銭的利益やポイントの有無に関わらず、自分自身に関する情報の提供は信頼できる事業者かどうか見極めた上で慎重に行う
④ 情報漏洩などの不安があるので、原則として自分自身に関する情報の提供は最小限に留めている
⑤ その他

■商品の選択とプライバシー

Q：複数の異なる会社から、内容的に似た商品・サービスが提供されており、そのいずれか１つを購入する場合に、その商品・サービスが、あなたのプライバシーに影響を与える可能性があるような情報を取り扱うとしたら、提供企業の「プライバシーへの取組」を、あなたはどの程度考慮しますか。（消費者 n=314）

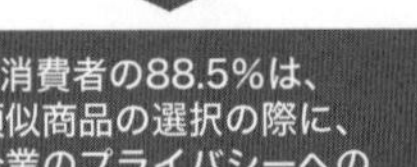

消費者の88.5%は、類似商品の選択の際に、企業のプライバシーへの取組を考慮している。

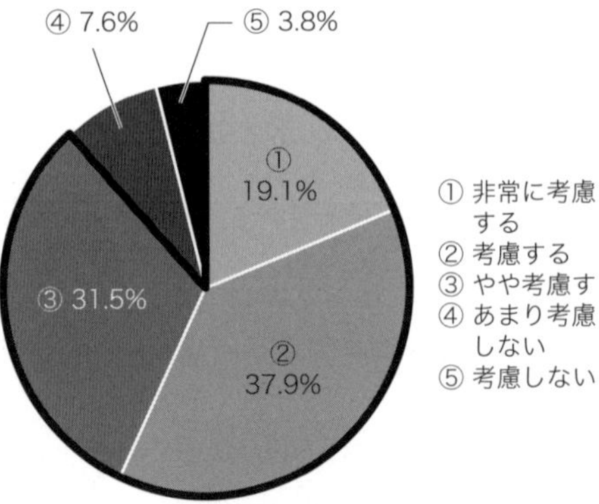

出所：JIPDEC「プライバシーガバナンスに関する調査結果」（2022 年 3 月）（https://www.jipdec.or.jp/news/news/20220318.html）より筆者加工。

このように、消費者にとって商品やサービスの提供を受ける行動選択の中に、プライバシーへの意識や配慮という要素が色濃く表れていることがうかがえます。

(2) 企業の意識

一方、企業側のプライバシーに対する意識についてポイントを整理すると、以下のような結果となっています。

①企業の約６割は、企業自身がプライバシーへの取り組みを発信することで、少なからず消費者の消費行動に影響を与えることができると考えている。
②約５割の企業は、"消費者は「リスクに対する不安のほうが期待よりも大きい」と感じている"と認識している。
③企業がプライバシーへの取り組みを始めたきっかけは以下の通りである。
・JIS Q 15001、ISO 27001 といった規格の取得・更新のため
・企業のブランド戦略の一環として信頼される企業イメージ向上のため
・プライバシー侵害で問題となった企業の報道を目の当たりにしたため
・プライバシー性のある情報の取扱機会・取扱量が増加したため
・自社がサイバー攻撃を受けたり、受けた企業の報道に接して危機感を覚えたりしたため
④「プライバシーに関する姿勢の明文化」「保護に関する責任者の設置」「保護組織の構築」に関しては、約半数の企業が現在取り組んでいる一方、「外部の有識者などの第三者に意見を聞く」「ルールの策定・周知」「従業員教育」に関しては、取り組みが進んでいない。
⑤消費者とのコミュニケーションという観点において、「定期的なレポート」「消費者団体との対話」「活用事例の紹介」「FAQ の作成」「消費者意識調査の実施」に関しては、海外売上の有無や従業員規模の大小に関わらず、全体的にまだ進んでいない。

企業としては、個人に関する情報をもとにしたビジネスを取り巻く外部環境（サイバー攻撃など）や内部環境（情報の取扱量の増加など）の変化に伴って、プライバシーへの取り組みに対する意識が徐々に高まってきていることがうかがえます。

一方で、消費者との対話や双方向のコミュニケーションについてはまだ十分な状況にあるとはいえず、その意味ではプライバシーへの取り組み自体も道半ばという状況であると考えられます。

5 企業が取り組むべき対策

企業がプライバシーガバナンスへの取り組みに着手するための足掛かりとして、総務省と経済産業省は連名で「DX 時代における企業のプライバシーガバナンスガイドブック」を公表しています。初版（ver1.0）は 2020 年 8 月に公開され、その後改訂を重ねて 2023 年 4 月には ver1.3 の策定、公表に至っています。

このガイドブックの中でも触れられている通り、プライバシーガバナンスの構築にあたっては、経営者がプライバシーにかかる諸問題を経営上の課題として認識することが重要となってきます。その上で、企業ははじめてプライバシーに関する問題について能動的なアクションを起こすことが可能となります。経営者が取り組むべき 3 つの要件、およびプライバシーガバナンスの重要項目を整理すると以下の通りとなります。

経営者が取り組むべき 3 要件

①プライバシーガバナンスにかかる姿勢の明文化
②プライバシー保護責任者の指名
③プライバシーへの取り組みに対するリソースの投入

プライバシーガバナンスの重要項目

①体制構築
②運用ルールの策定と周知
③企業内のプライバシーにかかる文化の醸成
④消費者とのコミュニケーション
⑤その他のステークホルダーとのコミュニケーション

(1) プライバシーガバナンスにかかる姿勢の明文化

プライバシー保護の軸となる基本的な考え方や、プライバシーリスクに能動的に対応していく姿勢を取り決め、それらをプライバシーステートメントとしてホームページなどで開示することを指しています。

先に紹介したJIPDECによるアンケート調査においては、約半数の企業がプライバシーステートメントや組織全体の行動原則について明文化しているとの結果が出ています。

(2) プライバシー保護責任者の指名

GDPRでは企業に対するデータ保護責任者（DPO）の設置要件が定められているように、(1) で掲げたプライバシーガバナンスにかかる取り組みについて責任を持って遂行するための責任者の設置は不可欠となります。経営者はプライバシー保護責任者の指名にあたり、その責任範囲を明確にし、プライバシーにかかる諸問題の発生を抑止するために必要な対応を遂行するための権限を付与することも重要となってきます。

JIPDECのアンケート調査では、およそ6割の企業がプライバシー保護責任者を設置していると回答しています。

(3) プライバシーへの取り組みに対するリソースの投入

プライバシーにかかる諸問題への取り組みは、PIA（プライバシー影響評価）等を通じて事前に検討を行った上で、企業としての戦略や事業、情報システムに組み込まれるべきものです。そのためには、体制構築にあたっての経営資源（ヒト・モノ・カネ）を投入することが必要となります。特にヒトの部分に関しては、適切な人員配置、人材の育成、継続的な人材の確保などが重要なポイントとなります。

また、プライバシーガバナンスの5つの重要項目に関するポイントを整理すると、以下の表の通りとなります。

プライバシーガバナンスの重要項目に関する対応策のポイント

重要項目	対応策のポイント
①体制の構築	●以下のそれぞれの役割を明確にする プライバシー保護責任者、プライバシー保護組織、事業部門、内部監査部門、アドバイザリーボード等の第三者的組織
②運用ルールの策定と周知	●誰がどのタイミングでプライバシーリスク評価を実施するか、という観点にもとづきルール化する ●ルールに関する内容の見直しや修正を継続的に実施する
③企業内のプライバシーに係る文化の醸成	●絶えず変化するプライバシーリスクのもとで、最新の事象や事業内容に合わせた教育や啓発活動を実施する
④消費者とのコミュニケーション	●データの利活用に関する社会の受け止めの変化を常に把握する ●プライバシーリスクに対する企業としての対策や管理について、消費者に対し積極的に分かりやすく説明を行っていく
⑤その他のステークホルダーとのコミュニケーション	●消費者以外のステークホルダー（取引先、グループ企業、投資家・株主、行政機関、業界団体、従業員等）に対する説明責任を果たす ●プライバシーに関する法規制や海外の動向等について情報を収集する

出所：総務省・経済産業省「DX時代における企業のプライバシーガバナンスガイドブック ver1.3」（2023年4月）（https://www.meti.go.jp/press/2021/02/20220218001/20220218001.html）より筆者加工。

以上のように、プライバシーの諸問題は、従来に比べてはるかに厳しい社会の目にさらされています。企業が対応を誤ったり軽視したりすることで、消費者やステークホルダーからの信頼をいとも簡単に失ってしまうリスクと隣り合わせであることを念頭に置いて、経営者は自社のプライバシーガバナンスの構築に積極的に取り組んでいく姿勢を持つことが重要です。

コラム

必要最小限の個人情報とは？

企業が個人情報を取り扱う上では、不要な情報は収集せず、必要な期間を超えて保管することはしない、といった前提を理解することが重要です。これは「データ最小化の原則（data minimisation）」といわれ、GDPR においても基本原則の1つとして定められています（GDPR 第5条（1））。

2023 年 6 月、中国の上海当局は、複数の飲食チェーンに立入検査を実施した結果、顧客の携帯電話番号や位置情報といった個人情報を過度に収集していたとして、これらの飲食チェーンに対し、個人情報の適切な保護や顧客である消費者の権利利益の保護といった観点に基づく改善指導を行いました。

このように、個人情報の収集時や保管時にデータの最小化を図ることの必要性はもとより、利用時における個人情報へのアクセス権限者を必要最小限の人数にとどめるといった適切なアクセス管理も欠かすことはできません。

一例として、GDPR が適用開始となった 2018 年、ポルトガルの医療機関では当時勤務していた医療従事者の数をはるかに上回るアカウントが存在しており、かつこれらのアカウントが全患者のファイルに無制限にアクセスすることができる状態であったことが当局の調査で判明し、結果として多額の制裁金を科されたケースもありました。

企業からすれば、様々な種類の個人情報をできるだけ多く収集し、今後の利活用に向けて少しでも長い期間保管しておきたいという意識が働きがちですが、こうした考え方はデータ主体である消費者の立場として受け入れられるものではなく、かえって社会的な信頼を損ねることで企業のビジネスを成長させる上での阻害要因になりかねないということを念頭に置く必要があります。

Q 3-3

プライバシーポリシーにはどのようなことを記載すればよいか、ポイントについて教えてください。

A

1 プライバシーポリシーの役割

(1) プライバシーポリシーとは

プライバシーポリシーとは、企業などが個人情報を収集し、それらを利用したり、保管したりする上での取扱いを定めた方針です。日本の個人情報保護法上、プライバシーポリシーの策定自体については特段規定されていませんが、ガイドラインでは安全管理措置の観点から以下のように示されており、個人情報を取り扱う事業者においてはプライバシーポリシーという形で様々な事項を明文化することが実務上一般的となってきています。

基本方針の策定

> 個人情報取扱事業者は、個人データの適正な取扱いの確保について組織として取り組むために、基本方針を策定することが重要である。
> 具体的に定める項目の例としては、
> ・「事業者の名称」
> ・「関係法令・ガイドライン等の遵守」
> ・「安全管理措置に関する事項」
> ・「質問及び苦情処理の窓口」
> 等が考えられる。

出所：個人情報保護委員会「個人情報の保護に関する法律についてのガイドライン（通則編）」（2016年11月（2022年9月一部改正））（https://www.ppc.go.jp/files/pdf/230401_guidelines01.pdf）

(2) プライバシーポリシーの目的・意義

プライバシーポリシーは、個人情報を取り巻く関係法令を企業が適切に遵守していることを明確にする位置づけの文書であるといえます。すなわち、プライバシーポリシーの中に記載された項目それぞれについてその取扱方針を明記することで、企業自身が法規制を正しく理解した上で、日常的に適切に運用すべき指標としての役割を果たすことになります。

もう1つの目的としては、プライバシーポリシーを通じて自社の個人情報の取扱いに関する取り組み方針や姿勢を明確に打ち出すことによって、企業としての説明責任を果たし、透明性を確保することにあります。すなわち、情報主体（消費者、従業員など）が企業の個人情報の取扱いプロセスを正しく理解し、必要に応じて企業の取組方針に異議を唱えられるようにすることで、企業と情報主体との間で双方向のコミュニケーションを図り、信頼関係を生み出すことにもつながります。

(3) プライバシーポリシーの普及状況

プライバシーポリシーについては、2005年に個人情報保護法が全面施行されるようになったことをきっかけに、作成・公表する企業が少しずつ出始めるようになりました。

2020年3月に個人情報保護委員会が公表した「個人情報の適正な取扱いに関する実態調査報告書」によると、プライバシーポリシーを策定していると回答した企業は調査時点（2020年2月）で全体の8割近くを占め、大企業においてはその割合がさらに高い（85%）傾向にあるという結果が得られています。大企業を除いた中小の企業にとっても、プライバシーポリシーの策定、公表は、外部からの信頼性を確保するためにも、これから先優先度を上げて対処していくべき重要な取り組みになってくると考えられます。

■プライバシーポリシーの策定・公表状況■

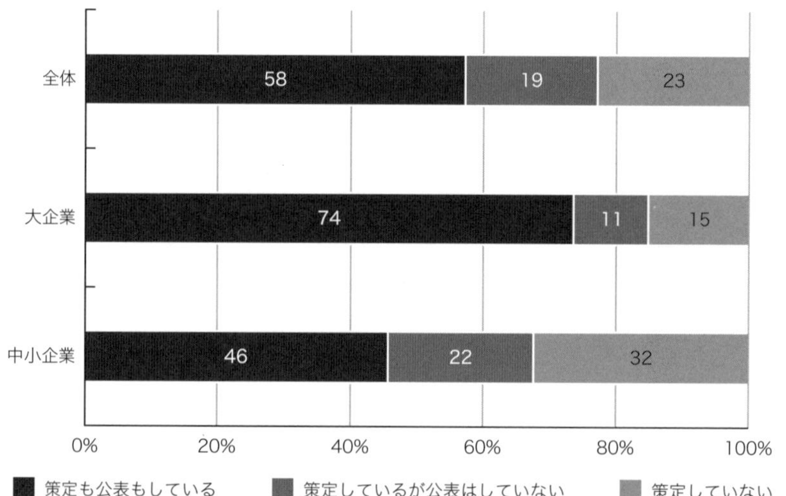

出所：個人情報保護委員会公表「個人情報の適正な取扱いに関する実態調査報告書」（2020年3月）
（https://www.ppc.go.jp/files/pdf/R02fchoukokusho.pdf）

2 プライバシーポリシーの内容

プライバシーポリシーに記載すべき事項は画一的に定まっているわけではありませんが、先ほど述べた法令遵守や透明性の確保といった観点から、多くの企業で同じような項目が取組方針として掲載されています。例えば次の表で示している法令や規格等で列挙されている項目なども、プライバシーポリシー作成にあたっての参考とすることができます。

なお、2022年4月施行の改正個人情報保護法（令和2年改正法）において、事業者は自社の保有個人データに関し、以下の2点について公表等を通じて開示することが追加されました。

・事業者の住所および代表者の氏名

・安全管理のために講じた措置

これらについても、一般的にはプライバシーポリシー上で公表する項目として追記されることになります。

プライバシーポリシーに記載する項目の比較

ガイドライン通則編	JIS Q 15001：2017	GDPR（EU）	CCPA（US）
10-1 基本方針の策定	附属書 A（A.3.2 個人情報保護方針）	13 条（個人データがデータ主体から直接取得される場合）、14 条（個人データがデータ主体から間接的に取得される場合）	※ §999.308 （プライバシーポリシー）
・事業者の名称 ・関係法令・ガイドライン等の遵守 ・安全管理措置に関する事項 ・質問及び苦情処理の窓口	・事業の内容及び規模を考慮した適切な個人情報の取得、利用及び提供に関すること ・個人情報の取扱いに関する法令、国が定める指針その他の規範を遵守すること ・個人情報の漏えい、滅失又はき損の防止及び是正に関すること ・苦情及び相談への対応に関すること ・個人情報保護マネジメントシステムの継続的改善に関すること ・トップマネジメントの氏名 ・制定年月日及び最終改正年月日 ・個人情報保護方針の内容についての問合せ先	・管理者の身元及び連絡先、及び、該当する場合は、管理者の代理人の身元及び連絡先 ・該当する場合は、データ保護責任者（DPO）の連絡先 ・個人データの提供が法令もしくは契約上の要件であるか否か、又は、契約を締結する際に必要な要件であるか否か、並びに、データ主体がその個人データの提供の義務を負うか否か、及び、そのデータの提供をしない場合に生じうる結果 ・予定されている個人データの取扱いの目的及びその取扱いの法的根拠 ・その取扱いが正当な利益を根拠とする場合、管理者又は第三者が求める正当な利益 ・プロファイリングを含めた所定の自動的な決定が存在すること、また、これが存在する場合、その決定に含まれている論理、並びに、当該取扱いのデータ主体への重要性及びデータ主体に生ずると想定される結果に関する意味のある情報 ・もしあれば、個人データの取得者又は取得者の類型 ・該当する場合は、管理者が個人データを第三国又は国際機関に移転することを予定しているという事実、及び、欧州委員会による十分性認定の存否等に関する情報 ・個人データが記録保存される期間、又は、それが不可能なときは、その期間を決定するために用いられる基準 ・個人データへのアクセス、個人データの訂正又は消去、又は、データ主体と関係する取扱いの制限を管理者から得ることを要求する権利、又は、取扱いに対して異議を述べる権利、並びに、データポータビリティの権利の存在 ・その取扱いが本人の同意に基づく場合、その撤回前の同意に基づく取扱いの適法性に影響を与えることなく、いつでも同意を撤回する権利が存在すること ・監督機関に異議を申立てる権利 （個人データの間接取得の場合のみ） ・個人データの情報源、及び、該当する場合は、公衆がアクセス可能な情報源からその個人データが来たものかどうか	・収集、開示、または販売された個人情報に関する「知る権利」 ・個人情報の削除に関する請求権 ・個人情報の販売に対してオプトアウトする権利 ・消費者がプライバシー権を行使することによって差別されない権利 ・認定代理人 ・問合せに関する連絡先 ・プライバシーポリシーの最終更新日 ・消費者が開示請求権または削除請求権の行使方法の説明、およびその要求フォームへのリンク ・16 歳未満の消費者の個人情報を販売することを実際に認識している場合、消費者がオプトインを行う際のプロセスの説明

3 プライバシーポリシー作成にあたっての留意点

プライバシーポリシーを作成する上で、実際に記載する項目や内容（情報の質）はもちろんのこと、当該ポリシーに目を通す読み手側の立場を考慮して留意すべきポイントがいくつかあります。具体的には、記載内容の簡潔さ、ポリシーへのアクセスのしやすさ、内容に関しての理解のしやすさが挙げられます。

(1) 記載内容の簡潔さ

読み手であるユーザーにとって、冗長な文章や必要以上の内容を記載した大容量のプライバシーポリシーはなかなか読む気になれず、内容も頭に入ってきません。こうした「情報疲労」を避け、例えばパソコンやスマートフォンの画面上で閲覧する場合に、特定の事項を検索するために記載文を長々とスクロールして目を通さずに済むような画面構成となるよう考慮することが望まれます。

(2) ポリシーへのアクセスのしやすさ

アクセスのしやすさというのは、ユーザーであるデータ主体がプライバシーポリシーの中から労力をかけずに必要な情報を探し出せる状態を意味します。したがって、記述されている文章や貼られているリンクを目立たないようにすることや、ウェブサイト上で見つけにくくするような配置や配色でデザインすることは、容易にアクセスしうるものとはみなされないことから避ける必要があります。また、自社のウェブサイト上のトップページから何クリックもしなければプライバシーポリシーに到達できないようなレイアウトも適切ではなく、「プライバシー」といった文字を使用したリンクを目立つような箇所に配置してウェブサイト上に掲載することが重要です。

(3) 内容に関しての理解のしやすさ

理解のしやすさというのは、特定の人に限らず、データ主体である情報の受け手側として平均的、一般的な人々にとって容易に理解できるものであることを意味しています。言い換えると、プライバシーポリシー上の記述がどのような読み手にとっても明瞭かつ平易であるかどうか、という点が重要なポイントとなります。

すなわち、複雑な文章や文言は避け、具体的かつ明示的な言葉で表現するとともに、異なる解釈の余地を残さないように工夫することが望まれます。

この点につき、EUで公表されている透明化ガイドライン[1]の中でも触れているように、以下に掲げるような用語は曖昧な表現となることから避ける必要があります。

- ～可能性がある（may）
- ～かもしれない（might）
- ある程度～（some）
- しばしば～（often）
- ～ありうる（possible）

また、同じような理由から、法律上の専門用語や一般的には使用されない難解な用語、表現などについても安易に記載するのではなく、できるだけわかりやすい言葉に置き換えることが望ましいといえます。

(4) その他考慮すべき事項

上記以外にも、米国カリフォルニア州のCCPAで求められている事項として、 以下の事項が挙げられます。

1 European Commission, “Guidelines on transparency ARTICLE 29 DATA PROTECTION WORKING PARTY,” April 2018.
（https://ec.europa.eu/newsroom/article29/items/622227）

- 消費者（読み手）が文書として印刷できるような形式で利用できるようにすること
- プライバシーポリシーは定期的に見直す（少なくとも１年に１回）こと

プライバシーポリシーは、読み手に対していかに配慮した作りとするかが、その意義や価値を形成する上で重要となってきます。

4 プライバシーポリシーの作成手順

企業が実際にプライバシーポリシーを作成する際には、すぐに文書化作業に着手するのではなく、事前の準備や検討を入念に行った上で記載事項を整理するところから始める必要があります。

(1) 現状把握

まず自社において、どの部門でどのような個人情報を取り扱っているのか、現状について把握する必要があります。そのためには、各部門の協力も得ながら個人情報の棚卸を行い、プライバシーポリシー上どのような項目について自社としての取り決めを開示するべきかを明確にすることがポイントとなります。具体的には、以下のような点についてあらかじめ確認の上、整理しておくことが望まれます。

- 利用目的
- 情報主体からの同意の要否
- 外部委託先の有無
- （グループ企業間における）共同利用の有無
- 第三者提供の有無
- 安全管理の実施方法
- 海外への持ち出し（移転）の有無

(2) 対象範囲、作成単位の整理

プライバシーポリシーは、1つの事業体で1つ作成されることが一般的ですが、一企業の中で多岐にわたるビジネスを展開しており、個人情報の取扱方針を画一的に決めることが難しい場合などは、複数のプライバシーポリシーをサービスごとに並列に作成することも考えられます。

また、グループ企業間でプライバシーポリシーをどのように構成するのかについても、いくつかのパターンが考えられます。全グループで統一的なプライバシーポリシーを設定する方法や、各社で別々のポリシーを制定する方法、あるいは両者を折衷するものとして、全社共通のポリシーと個社ごとのポリシーの2階建て構造により策定する方法が考えられます。

これらのどの方法を採用するかについては、自社やグループ企業の事業の特性や個人情報の管理体制に応じて、最適な単位、構成を見極めた上で決定することになります。

▌プライバシーポリシーの構成例▐

〈基本的な考え方〉
　当社は、個人情報保護法や関係法令を遵守し、個人情報を適切に取り扱うことにより、その保護に努めます。
・当社の名称、所在地
・当社の代表者の氏名
→ こちらの会社情報（別サイトのリンク）をご参照ください。

　また、当社グループでは、各社の個人情報の取扱いに関し、各国の適用法令に基づいた個人情報の取扱いの共通事項について、本プライバシーポリシーとは別にグループプライバシーポリシーを制定しています。グループプライバシーポリシーに関しては、こちら（リンクを掲載）をご参照ください。
・・・

〈個人情報の収集と利用〉
　当社が収集し取り扱う個人情報は、以下の通りです。
・・・
・・・

〈利用目的〉

　当社が収集し取り扱う個人情報は、以下のような目的で利用されます。

・・・

・・・

〈利用および提供の制限〉

　当社は、前掲した個人情報の利用目的に該当する場合、または以下のいずれかに該当する場合を除き、あらかじめ本人の同意を得ることなく個人情報を第三者に提供することはいたしません。

・法令に基づく場合

・・・・

・・・・

〈外部委託〉

　当社では、以下の業務に関して個人情報の取扱いを外部委託先に委託する場合があります。

・・・

・・・

〈共同利用〉

　当社と当社のグループ企業は、業務上必要な範囲において個人情報の共同利用を行います。

(1) 共同利用する個人データの項目

・・・

(2) 共同利用の目的

・・・

(3) 共同利用者の範囲

・・・

(4) 管理責任者の名称等

・・・

〈安全管理のために講じた措置〉

　当社は、収集した個人情報の安全管理に向けて、適切な組織的、人的、物理的、および技術的安全管理のために必要な措置を講じます。

〈個人データの国外移転〉
当社は、業務遂行にあたり取り扱う個人データを国外に移転することがあります。国外の移転先である当社のグループ企業における個人情報の保護体制は以下の通りです。
・・・
・・・

〈開示・訂正等〉
当社では、個人情報保護法その他の適用法令に従い、本人からの申し出により所定の手続に従って、保有個人データに関する開示等の手続を行います。
・・・
・・・

〈お問合せ先〉
・・・

Q 3-4

PIAとは何でしょうか。またPIAの実施にあたり、留意すべき点があれば教えてください。

A

1 PIAとは

企業が個人情報の適切な管理を実施していく上では、組織としてのプライバシーガバナンスの構築が重要な役割を果たします（PART 3：Q3-2 参照）。PIAはこのプライバシーガバナンスを構成する主要なパーツの1つです。

PIA（Privacy Impact Assessment）とは、プライバシーに関連する様々なリスクをあらかじめ低減または回避するために実施する評価手法です。「プライバシー影響評価」、または「個人情報保護評価」といわれることもあります。個人情報保護委員会が公表している資料の中では、以下のように説明されています。

> 「PIA（個人情報保護評価）は、個人情報等の収集を伴う事業の開始や変更の際に、個人の権利利益の侵害リスクを低減・回避するために、事前に影響を評価するリスク管理手法（事業の企画・設計段階から個人情報等の保護の観点を考慮するプロセスを事業のライフサイクルに組み込む。）」である。

出所：個人情報保護委員会「PIAの取組の促進について」（2021年6月）（https://www.ppc.go.jp/files/pdf/pia_promotion.pdf）

企業が新たなビジネスをスタートさせる際、昨今では多くの場合において個人情報を収集し、当該事業に活用しようとするケースが一般的です。しかしながら、そもそもどのような種類の個人情報を取り扱うのかといった点や、収集した個人情報をどのように利用するのかといった点について明確に取り決めないまま新規事業をスタートさせてしまうと、情報管理が不十分なことによる漏えいの発生や、個人情報の不適切な取扱いによる情報主体（消費者）のプライバシー侵害、さらには社会からの厳しい追及や企業としての信頼の失墜といった事態に陥るリスクが生じかねません。

このような状況の発生を未然に防ぎ、消費者等の不安や懸念を払しょくするために、PIA を導入して適切にリスク管理を実施するというプロセスの構築が有用となってきます。

2 PIA への対応にかかる変遷

(1) 海外の動向

EU では、世界に先駆けて PIA の考え方を導入し、法制度に組み込んでいます。EU 一般データ保護規則（GDPR）では、DPIA（Data Protection Impact Assessment：データ保護影響評価）という名称で実施すべき要件を規定し、情報主体にとって高リスクを生じさせる可能性がある場合に DPIA の実施を義務付けています（GDPR 第 35 条）。

DPIA は、欧州諮問機関である作業部会によって 2017 年に採択され、欧州委員会が公表したガイドライン[1]に示された具体的な考え方に沿って対応が進められています。

(2) 日本の動向

日本においては、個人情報保護委員会が 2019 年 12 月に策定した「個人情報保護法 いわゆる 3 年ごと見直し制度改正大綱」の中で、PIA の取り組みについて明記されました。個人情報保護法という法律自体は民間事業者の自主的な対応を尊重するという制度設計が前提となっています。こうした法の規定を補完する形で、民間主導による自主ルールの策定、運用が期待される中、企業が PIA の実践を促進するよう制度改正大綱において推奨されています。

1 European Commission, “Guidelines on Data Protection Impact Assessment (DPIA) and determining whether processing is “likely to result in a high risk” for the purposes of Regulation”, 2017.

この制度改正大綱を公表してから1年後の2021年6月には、同委員会から「PIAの取組の促進について」が公表され、企業がPIAについて積極的に取り組み、新規事業の企画・設計の段階から個人情報の適切な保護に向けた活動を行っていく上での実施手順について解説を加えています。

PIAに関する動向

海外	GDPR（2018年適用開始）において、DPIAの実施が制度化（第35条、36条）。また欧州評議会より関連ガイドライン※1が公表。
日本	個人情報保護委員会が民間事業者の自主的な取り組みとしてPIA（DPIA）の実施を推奨。関連するガイダンスやガイドブック等※2の公表による情報提供が進む。
国際規格	PIAの目的、実施手順を示した国際標準として、国際規格ISO/IEC29134※3が発行される（2017年）。 その後、日本国内向けのJIS規格※4としても発行された（2021年）。

※1　「データ保護影響評価（DPIA）及び取扱いが2016/679規則の適用上、「高いリスクをもたらすことが予想される」か否かの判断に関するガイドライン」（2017年採択）

※2　経済産業省・総務省「DX時代における企業のプライバシーガバナンスガイドブック」（2020年8月）、個人情報保護委員会「PIAの取組の促進について」（2021年）

※3　ISO/IEC 29134:2017, "Information technology - Security techniques - Guidelines for privacy impact assessment"

※4　JISX 9251:2021「情報技術—セキュリティ技術—プライバシー影響評価のためのガイドライン」

3 プライバシー上の課題とPIAに期待される効果

企業が個人情報を入手し、様々な事業目的でこれらを取り扱う際には、収集された個人情報の用途に応じて検討すべきリスクや課題が潜んでいます。

多くの場合、企業は収集した個人情報を個人データとしてリスト化し、当該データを社内もしくはグループ会社間で共有したり、データを一部加工するなどして他社に第三者提供したりすることで、個人データを利活用し、ビジネスの成長を促進しています。このようにして個人データを取り扱う各局面において、本来求められている法規制の要求事項を遵守しないまま不適切な取扱いをしてしまうことにより、データ主体（消費者等）からの苦情や批判を通じて企業の信用度が低下するような事態を、企業としては回避しなければなりません。

また、個人データのセキュリティ対策が十分にとられておらず、結果としてデータの流出や紛失といった不祥事が発生することも、社会的な信頼性を失う重大なリスクとなります。

企業は実際に個人情報を収集する前段階で、PIA を通じてこのようなリスクを評価し、プライバシーポリシーや関連規程の整備を含めたルール整備を実施するとともに、必要となる対策をとることで、個人情報を取り巻く問題が深刻化しないための布石を打つことができます。それによって、企業は消費者をはじめとするステークホルダーからの信頼性確保を実現するだけで

PIA で検討される課題と対応、および効果

個人データの取扱い	想定される課題	課題への対応
多数の社内外関係者とデータを共有する	セキュリティ対策が不十分な社外ユーザが取り扱うことによる情報漏えい	利用に関するルール整備、各社セキュリティ規程の見直し（アクセス管理、データ保管先等）
自社が収集した個人データを他社に提供する	個人データの提供規制への対応不備による法令違反	個人データ提供先（閲覧する企業）の把握、プライバシーポリシー等の更新
会社間のデータを組み合わせることにより、データの新たな活用を検討する	個人データの目的外利用による法令違反、プライバシー侵害の懸念	各社の利用目的の把握、新たな同意の取得、プライバシーに配慮した取扱いのためのルール整備
海外のプラットフォームを利用する	個人データの国外提供規制への対応不備による法令違反	国外への提供有無の把握、対象国の法令調査、問合せを受けた際の対応整理

PIAの効果

- 消費者をはじめ、利害関係者からの信頼の獲得
- 事業のトータルコストの削減
- 個人情報等の取扱いに関するガバナンスの向上

相互に連携し、好循環を生む

なく、トラブルによる大きな損害や個人データを取り扱う情報システムの作り直しを未然に防ぐことで事業のコスト負担を減らすことにもつながります。さらには自社におけるプライバシーに対する意識やプライバシーガバナンスの向上にも結びつくことになります。

4 PIA の導入に向けた手順

実際に PIA を開始する際には、大まかに①準備（体制整備、情報整理）→②リスクの特定・評価（洗い出し、評価の実施）→③リスクの低減（リスクへの対応、結果とりまとめ）という流れに沿って進めます。

準備段階においては、PIA を実施していく上での体制として、必要となる人員の確保や責任者の任命を通じて組織的な運営体制を構築することが重要です。また PIA の実施に先立ち、取り扱う個人情報の特定や取得から廃棄・削除までのデータの流れ（ライフサイクル）についても整理しておくことが必要となります。

次に、個人情報を取り扱う各局面においてどのようなリスクが想定されうるのか、様々なリスクの洗い出しを実施します。PIA の実施作業においてこのリスクの洗い出し作業は重要なポイントであり、ここでリスクの認識が漏れてしまうと、当該リスクに関しては何の対応措置もとられないまま残された状態となってしまいますので注意が必要です。

そしてリスクの特定後には、それぞれのリスクに対して有効となる対応策を検討していきます。すべてのリスクをゼロに抑えることは時間、コストの観点から現実的ではなく、そのリスクが発生する可能性の高さや実際に発生した際のインパクトの大きさなどによって、当該リスクを極小化（低減）するのか、特に追加的な対策は行わない（リスクを保有したままにする）のか、といった判断を行うことになります。

▌PIA の実施の流れ▐

	PIAの必要性の決定	実施準備	PIAの実施	PIAのフォローアップ
アクション	● 事業やサービスの新規立ち上げ、もしくは変更に伴う、PIA実施の要否の検討、決定	● PIA実施に必要な体制の整備、リソース確保 ● 実施要項、リスク評価基準の検討、実施計画の策定 ● ステークホルダーの特定、協議	● PIA実施対象の個人情報のフロー整理 ● ユースケースの分析 ● プライバシーリスクの評価 ● プライバシーリスク対応の検討、対応策の決定	● 報告書の作成、公表 ● プライバシーリスク対応の実施 ● リスク対応の実施状況のレビュー
実施ポイント	● 実施要否を客観的に検討するための基準（しきい値※）の設定 ● 事業やサービスに応じた基準の見直し	● 事業やサービスの開発スケジュールを考慮し、計画的に実施するための準備	● 個人情報の収集から廃棄までのフローを漏れなく想定、それぞれの局面でのリスク評価	● トップマネジメントを巻き込んだリスク判断、対応計画の検討と承認 ● 重要度、緊急度を考慮した対応スケジュール

※しきい値とは、境界となる値のことをいい、その値を境としてとるべき手法が選択される。

5 PIA の実効性を高めるポイント

PIA を進めていく上で、導入に失敗したり思うように効果が得られなかったりといった事態を回避し、意義ある PIA の取り組みが達成できるようにするために必要なポイントとして、以下の 3 点が挙げられます。

(1) 各局面の個人情報の取扱状況について的確に理解する

個人情報を取り扱う局面には、情報の取得、利用、移送・送信、保管、廃棄・消去といったプロセスがあり、それぞれの局面で想定されるリスクは事業の規模や性質によってまちまちです。例えば個人情報をインターネット経由でオンラインにより取得するのか、郵送や FAX を通じて入手するのかによっても、漏えいや紛失のリスクは異なります。また、事業を主体的に実施する自社だけでなく、そこで取り扱われる個人情報に何らかの形で関わる委託先が存在する場合には、当該委託先における情報管理の体制についても評価しておく必要があります。

したがって、「どの局面でどのような形態の個人情報を誰がどれだけ取り扱うのか？」といった各局面の実態を正確に洗い出すことが的確なリスク評価を行う上での前提条件となります。当該リスク評価を通じて必要なルールを制定し対策を講じた結果として、消費者等の情報主体の権利利益が適切に保護される、ということを念頭に置くことが重要です。

(2) 法令遵守にとどまらず広い視野で影響範囲を考える

個人情報保護法は、情報主体の権利利益を保護するために事業者に対して様々な義務を課しています。企業としては、個人情報を取り扱う際に、自社で定められている各種手続や管理手法が法令にのっとり適法に処理されているかという観点でチェックすることは、もちろん重要な取り組みであるといえます。

しかし一方で、個人情報保護法は事業者が個人の権利利益を保護する上での最低ラインを取り決めているにすぎず、法律さえ守っていれば何の問題もない、ということには必ずしもなりません。年々高まる消費者の権利に対する保護意識や、他人に知られたくない情報が広く不特定多数のもとに露呈してしまうようなプライバシーの侵害といった事態は、現在の日本の個人情報保護法では十分にカバーされていません。こうしたケースを放置することなく、PIA の中で幅広くリスクを洗い出した上で評価を実施し、必要な措置をとることで、消費者ははじめて企業に対し安心して個人情報を預けることができるようになります。

(3) 業界の取り組みを活用し、第三者によるチェックも受ける

個人情報を取り扱う局面は、事業の規模や性質によって様々であるということを説明しましたが、PIA の実施範囲や取り組みの視点という意味では、事業分野ごとに共通している部分もある程度存在すると考えられます。例えば金融機関が顧客の口座開設にあたって実施する申込手続やそれに伴って取

得する個人情報の管理方法は、多くの金融機関において共通するいくつかの類型に整理することができます。PIA の実施に際しては、こうした業界団体がその事業分野における PIA 実施のための基準や対象範囲、評価項目などを整理した上で所属団体間で共有することが、有効かつ実用的な PIA の実施に向けた望ましい取り組みにつながっていくといえます。

また、自社が実施した PIA が果たして適切なものかどうか、有効性や効率性の観点から改善や工夫の余地がないかどうかを第三者の専門家等による評価を通じて検証することも、PIA を高度化し信頼性を高める上で意義のある取り組みであるといえます。

PIA は日本においてはまだまだ十分に浸透している手法とはいえない状況にありますが、政府や関係団体からの働きかけや各企業の経営者による意識の高まりによって、できるだけ多くの企業が導入に対し積極的に取り組むことで、社会全体において信頼される個人情報の利活用や流通が実現するようになっていくものと考えられます。

コラム

マイナンバー制度と特定個人情報保護評価

個人情報全般に関する PIA の取り組みは日本ではスタートを切ったばかりですが、実はマイナンバー制度（PART 1：1-11 参照）においては、すでにこの PIA の考え方が導入されています。

マイナンバー制度（社会保障・税番号制度）は、行政の効率化、国民の利便性の向上、公平・公正な社会の実現のための社会基盤として 2016 年 1 月より開始となりました。このマイナンバー制度では、私たち国民の特定個人情報を取り扱う国の行政機関や地方公共団体が、プライバシー保護の観点から特定個人情報の漏えいその他の事態を発生させるリスクを分析し、これらのリスクを軽減するための適切な措置を事前に講ずることが求められています。行政手続における特定の個人を識別するための番号の利用等に関する法律（マイナンバー法）上では、このために必要な手続として特定個人情報保護評価を定め、各行政機関や地方公共団体に対して当該評価の実施および「特定個人情報保護評価書」の公表を義務付けています（同法第 27 条）。

特定個人情報保護評価は、1 度実施した後であっても、1 年ごとの見直しおよび 5 年ごとの再実施について努力義務が課されています（「特定個人情報保護評価に関する規則第 14 ～ 15 条」および「特定個人情報保護評価指針」）。

特定個人情報保護評価の仕組み

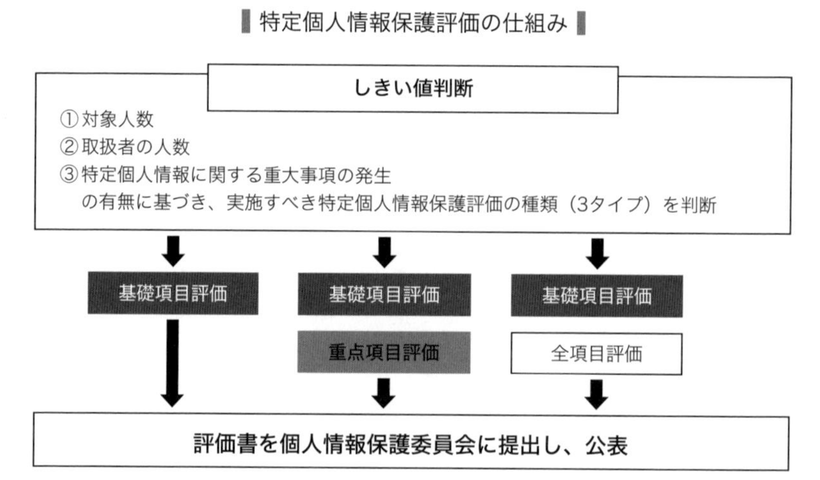

出所：個人情報保護委員会「マイナンバー保護評価（特定個人情報保護評価）」（https://www.ppc.go.jp/mynumber/pia2(kaisogo)/）〔最終アクセス日：2023 年 5 月 16 日〕をもとに加工。

特定個人情報保護評価書（基礎項目評価書）に記載される「リスク対策」

No.	項目	チェック内容	選択肢
1	提出する特定個人情報保護評価書の種類	―	①基礎項目評価書 ②基礎項目評価書および重点項目評価書 ③基礎項目評価書および全項目評価書
2	特定個人情報の入手（情報提供ネットワークシステムを通じた入手を除く。）	目的外の入手が行われるリスクへの対策は十分か	①特に力を入れている ②十分である ③課題が残されている
3	特定個人情報の使用	目的を超えた紐づけ、事務に必要のない情報との紐づけが行われるリスクへの対策は十分か	
4	特定個人情報ファイルの取扱いの委託	委託先における不正な使用等のリスクへの対策は十分か	
5	特定個人情報の提供・移転（委託や情報提供ネットワークシステムを通じた提供を除く。）	不正な提供・移転が行われるリスクへの対策は十分か	
6	情報提供ネットワークシステムとの接続	・目的外の入手が行われるリスクへの対策は十分か ・不正な提供が行われるリスクへの対策は十分か	
7	特定個人情報の保管・消去	特定個人情報の漏えい・滅失・毀損リスクへの対策は十分か	
8	監査	実施の有無	①自己点検 ②内部監査 ③外部監査
9	従業者に対する教育・啓発	従業者に対する教育・啓発	①特に力を入れて行っている ②十分に行っている ③十分に行っていない

出所：個人情報保護委員会「特定個人情報保護評価」（https://www.ppc.go.jp/legal/assessment/）〔最終アクセス日：2023年5月16日〕をもとに作成。

Q 3-5

海外に流通する個人データの越境移転について、これからはどのような点に注意すればよいでしょうか。

A

1 世界に広がる個人データの流通

ビジネスのグローバル化が進み、企業にとって個人データが成長のドライバーとして活用される時代において、国境を越えたデータの流通は避けて通ることができないものとなっています。一方で、個人データを自国から越境して持ち出すことに関しては、各国によって様々な方針や考え方があり、必ずしも自由にデータのやりとりができるとは限りません。

ここでは越境データに関する日本や海外の規制、データ流通に関する国同士の協定を整理し、海外拠点における個人データの取扱いに関する留意点について解説します。

2 データ移転・活用の状況

2019年1月のダボス会議、そして同年6月に開催されたG20大阪サミットにおいて、わが国ではDFFT（Data Free Flow with Trust：信頼性のある自由なデータ流通）という新しいコンセプトを提唱しました。

これは、デジタル社会がこれから先健全に発展するためには、国際的なデータの移転、活用が促進される必要があるとの考えに立ち、各国間によるデータ流通の共通の枠組みを確立させた上で、新たなグローバルルールの制定や協議を進めていくことを目標に掲げたものです。

企業にとっても、付加価値の源泉となるデータの幅広い流通と活用を推進していくことにより、その価値を最大限に引き出し高めていくことが重要なテーマとなってきています。経済産業省が2021年に実施した企業アンケート[1]によると、海外の市場や生産拠点においてデータを取得し活用している企業はおよそ7割にのぼり、世界各国から収集したデータの集中分析や、データの一元管理を通じたコストの削減などを図っていることが見て取れます。なお、ここでいうデータとは、顧客データや位置情報に関するデータといった、個人データあるいはそれに類する情報をはじめ、販売データ、購買データ、IoT データ（設備・機器の稼働状況）のような一般データも含まれています。

■データの越境移転が生じる主な目的・理由■

- マーケティング活動などにおいてデータ分析を行う上で、その効果を高めるために、日本国内のみならず世界各国からデータを一箇所に収集・集約するため
- 収集したデータを世界各国で分散管理するよりも、一拠点において集中管理することで、トータルの管理コストを削減できるため
- クラウドサービスを利用するにあたり、顧客との取引条件や規制当局対応などにより、収集したデータを格納するサーバーの設置場所を所定の国・地域に設定する必要があるため

3 主要国におけるデータの海外移転規制

このように、国境をまたいだデータの移動は、企業にとってビジネス戦略上避けて通ることが難しくなってきています。一方で、こうしたデータの流通に際しては、それぞれの国や地域によって越境する上での厳しい規制がかけられているケースも少なからずあります。ここでは、主要な国・地域における個人データを中心とする移転規制の概要について説明していきます。

(1) EU

EUでは、2018年5月に適用開始となったEU一般データ保護規則（GDPR）の中で、個人データの越境移転に関する規制が定められています。すなわ

1 経済産業省商務情報政策局「国際的なデータ移転・活用に関する企業アンケート」（2021 年 5 月）（https://www.meti.go.jp/press/2021/05/20210531001/20210531001-1.pdf）

ち、個人の権利保護を重視する観点から、個人データを欧州経済領域（EEA）域外に移転することは原則として禁止することとし（GDPR第44条）、以下の通り一定の条件を満たした場合に限り、例外的に個人データの越境が認められています。

▌GDPRにおいて容認される個人データの越境条件▐

①欧州委員会が、十分なデータ保護の水準を確保していると認定（十分性認定）した国・地域※
②公的機関・組織間において、法的拘束力のある文書を取り交わしていること
③拘束的企業準則（Binding Corporate Rules：BCR）を定めている企業
④(個人データの移転に関する）標準契約条項（SCC）を締結している企業
⑤GDPRが定める所定の行動規範（第40条）を制定し、遵守している企業
⑥GDPRを適切に遵守していることの第三者認証を取得している企業
⑦監督機関から個別に承認を受けた契約条項を有している企業
⑧上記以外で、GDPR第49条に定める、やむを得ない事情に基づく例外事由に該当する場合

※日本は2019年1月に十分性認定を受けている。

(2) 米国

米国においては、PART 2：Q2-10でも述べたように、個人情報保護に関する包括的な法規制は定められていません。州法としては、カリフォルニア州のCCPA（2023年1月からはCPRAが発効）に代表されるような、厳格な個人情報保護に関する規制が各州で制定されているものの、個人データの越境移転に関する規制については特に定められていないというのが現状です。プライバシーを重んじるEUと比較して、個人の自由やビジネスでの利活用を優先する米国では、データの流通に歯止めをかけるような取り決めは積極的に行われてきませんでした。

ただし、米国においては、EUやその他特定の国・地域との間で個別に協定を結び、従来個人データの安全な流通を図ってきたという経緯があります。これらの具体的な協定の内容については、のちほど解説します。

(3) 中国

中国では、個人データの取扱いに関して以下の3つの法規制が存在します(PART 2：Q2-11 参照)。

中国における個人データの取扱いに関連する法規制

法規制の名称	適用開始年月	概要
サイバーセキュリティ法	2017年6月	インターネット領域のセキュリティに関する基本法
データセキュリティ法	2021年9月	データにかかるセキュリティの管理および利活用に関する法律
個人情報保護法	2021年11月	中国における個人情報保護に関する包括的な法律

中国では国家の安全保障を目的に掲げることで、これら3つの法規制をベースに、越境移転に関する規制およびデータの国内保存に関する取り決めについて厳格な制限がかけられています。ただし、これらの法令における規制の対象となる各要件の解釈は必ずしも明確ではなく、実務上は各企業がデータの越境移転を極力行わず、中国国内にすべて保存するといった対応が数多く見受けられます。

(4) 日本

日本の個人情報保護法においては、2022年4月施行の令和2年改正法を経て、個人データの越境に関する規制が強化されています。すなわち、もともと個人データの海外への越境に際しては、①本人からの同意を取得しているか、②個人データの提供先である事業者が所定の基準に適合した体制を整備しているか、③個人データの提供先である国または地域が日本と同等水準の個人情報保護にかかる制度を有しているか、といったいずれかの条件を満たす必要がありましたが、改正法ではこれに加えて個人データの移転元の事業者に対し、それぞれの条件に応じた上乗せ措置を求めています。

■日本から海外への個人データ移転における条件■

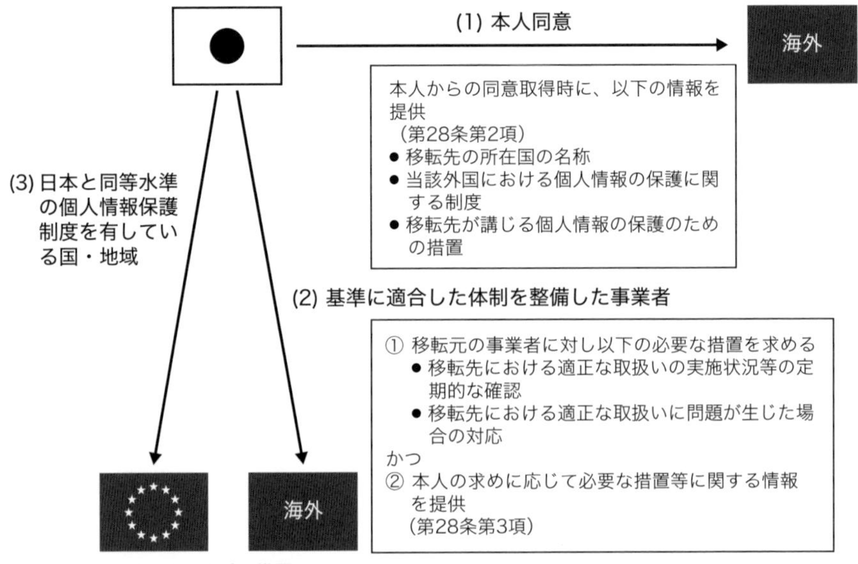

4 協定による各国間の連携

上記で述べた主要国をはじめ、多くの国において安全、安心なデータの越境に向けた取り決めが各国で行われています。ここではその中からいくつかを紹介します。

(1) 欧米間のデータ・プライバシーの枠組み

米国とEUの間では、2000年に双方合意し翌年7月から施行されたセーフハーバー協定によって欧米間の個人データの移転が容認されてきました。しかし2013年に発覚した、いわゆるスノーデン事件を契機として米国における個人データ保護管理体制への懸念が浮き彫りとなり、セーフハーバー協定は2015年10月、EUの最高裁にあたる欧州司法裁判所によって無効判決が下されました。

その後、欧州委員会は2016年7月に新たな個人データの移転ルールとしてプライバシーシールドという取り決めを承認し、両国間の個人データの流通はプライバシーシールドの枠組みのもとでとり進められことになりました。

ところが、EUから米国に移転された個人データが米国側の政府機関による監視対象となる可能性に対して、EUからは異議申立てなどの実効手段を有していないことなど、米国における個人データ保護はGDPR適用下のEUと同等の水準を有していないとして、プライバシーシールドは2020年7月に再び欧州司法裁判所によって無効化されたのです。

こうした欧米間の個人データ流通に関する協定の空白期間を解消すべく、米国政府による個人データ保護上の不備の修正を前提として、両国はプライバシーシールドに代わる新たなルールについて2022年3月に基本合意に達し、米国大統領によって「環大西洋データ・プライバシー枠組み（Trans-Atlantic Data Privacy Framework：TADPF）」に対する署名が2022年10月に行われました。

これによってEU域内から米国に個人データを移転している企業としては、取引相手との間で（個人データの移転に関する）標準契約条項（Standard Contractual Clause：SCC）の締結がなければデータ流通が進まないといった状況の回避が可能となり、大西洋間のデータ移動を米国とEU双方が再び公式に認めることで、産業界のみならず両国にとっての経済関係も大きく前進する足掛かりとなることが期待されています。

(2) 日欧間の相互十分性認定、および経済連携協定（EPA）

日本とEUとの間でやりとりされる個人データの移転に関しては、2016年4月以降、わが国の個人情報保護委員会と欧州委員会との間で、相互の円滑な個人データ移転を図る枠組みの構築を視野に入れた対話が進められてきました。その結果、日本とEUは2019年1月23日付で自国と同等水準の個人情報保護制度を有している国として相互に十分性認定を行い、個人データの安全かつ円滑な流通の枠組みが実現することとなりました。

なお、この十分性認定に関しては、通知日である2019年1月23日から2年以内およびその後少なくとも4年ごとに、日欧が相互にレビューを行うことで、十分性認定が有効に機能しているかどうかを確認するというプロセスが取り決められています。

一方で、2019年2月に発効した日欧間の経済連携協定（Economic Partnership Agreement：EPA）の中では、デジタル分野の規定においてデータの自由な流通に関する取り決めがなく、当該規定を同協定に含めることについて、2022年10月から日欧間で交渉がスタートしています。これらの項目に関しては、日本と米国間で結ばれている日米デジタル貿易協定（PART 1：1-8参照）や環太平洋パートナーシップ協定（TPP）などではすでに織り込まれている規定であり、日欧EPAにおける規定化に向けて、EU内での合意形成が図れるかどうかに注目が集まっています。

■データの自由な流通：電子商取引におけるTPP3原則■

- 事業実施のための国境を越える情報移転の自由の確保
- サーバー等コンピュータ関連設備の自国内設置要求の禁止
- ソースコードの開示・移転要求の禁止

(3) EUデジタル協定

2021年以降、EUは重要な貿易取引先であり重点的な開発援助先でもあるインド太平洋地域への関与を強化する戦略をとってきています。中でも当地域におけるデジタルネットワークの拡大やデジタルガバナンスの確立を図り、信頼性のあるデータ流通の実現とデジタル時代における個人情報保護の強化を両立させるべく、EUから日本、韓国、シンガポールに対してデジタル協定の締結を呼びかけてきました。

その結果、日本との間では2022年5月にデジタルパートナーシップが立ち上げられました。「信頼性のある自由なデータ流通（DFFT）」の重要性について相互認識した上で、国境を越えたデータの移動が経済成長およびイノベーションに不可欠であるとして、デジタル分野の協力を前進させることについて合意形成を図っています。

同様に、EU は同年 11 月には韓国との間でデジタルパートナーシップに署名し、さらに翌 12 月にはシンガポールとの間でも実質合意に至っています。このようにして、EU では同じ価値観を共有する対象国を広げつつ、EU としての考えやルールを世界標準に定めるための布石を敷いています。

(4) CBPR のグローバル化

EU における個人情報保護に関する法整備の流れを受けて、アジア太平洋経済協力（APEC）でも 2000 年以降個人情報のデータ流通や管理の在り方について、検討が進められてきました。

具体的には、まず 2004 年に OECD ガイドラインにもとづいた「APEC プライバシーフレームワーク」が採択され、加盟する 21 の国と地域の間で整合性のある個人情報保護への取り組みを促進し、2011 年には APEC 域内で国境を越えて個人情報を取り扱う事業者に対し、同フレームワークへの適合性を認証する制度として「越境プライバシールールシステム（Cross Border Privacy Rules System：CBPR システム）」が構築されました。

CBPR システムは、ビジネスのグローバル化に伴い、国境を越えて移転する個人情報を適切に保護するための仕組みであり、すでに 9 ヵ国・地域[2]がこのシステムに参加し、北米を含む APEC 域内で整合のとれた個人情報の管理・流通が図られるようになりました。

2 日本、米国、メキシコ、カナダ、シンガポール、韓国、オーストラリア、台湾、フィリピン

▌世界のデータ経済圏と CBPR の拡大▐

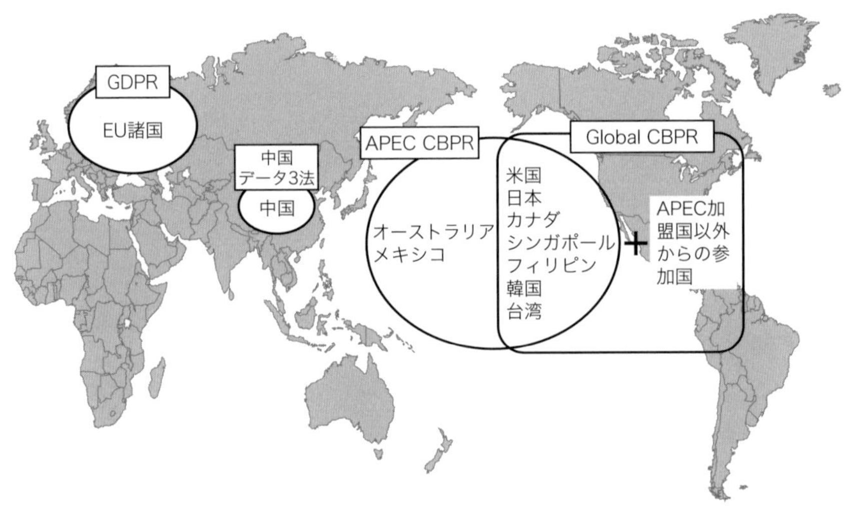

このように、CBPR は APEC の取り組みとして策定された個人情報の管理・流通に関する仕組みですが、これを APEC 内に閉じた形にするのではなく新たな枠組みとして対象国を広げていく活動が展開されています。従来の仕組みを APEC CBPR と位置づけるならば、新しい枠組みは Global CBPR と呼ばれ、個人情報の取扱いに対する考え方や価値観を共有できる国同士であれば、APEC という枠に縛られることなく統一ルールのもとで個人情報を流通させ、より広範囲で越境データの円滑な移転や各国における規律の相互運用性を促進させることを目的としています。

日本としても、GDPR を適用している欧州のような「プライバシー先進国」も含めた幅広い国や地域で信頼性のある個人情報の越境を実現させることがわが国のデータ戦略上重要であるとの考えに立ち、2022 年 4 月には Global CBPR の推進に向けた取り組みへの宣言を行っています。

さらに 2023 年 4 月に開催されたグローバル CBPR フォーラムにおいては、「グローバル CBPR フォーラム規約」および「グローバル CBPR フレームワーク」が策定、公表され、新たな国・地域の参加を受ける体制が整えられました。これを受けて、同月にはイギリスがグローバル CBPR フォーラムに参加する意向を表明しています。

このように、個人情報の流通や管理の在り方については、世界の各国・地域において相互連携を見据えた検討が重ねられています。円滑なデータ流通が期待される一方で、プライバシー保護や国家安全保障などからくるデータローカライゼーションのような守りの姿勢を固めようとする思惑も入り交り、価値観が異なる国々が混在する中でデータ経済圏の確立が進められようとしている状況です。

越境する個人情報の取扱いについて統一的な世界標準となるルールを築き上げることは容易に実現できるものではありませんが、自国の経済力や競争力にも影響を及ぼすような、個人情報という価値あるデータを安心かつ安全な環境のもとで流通させる仕組みの整備は、今後ますます重要となってきます。

索　引

【さ】

【た】

【な】

【は】

【ま】

【や】

【ら】

【わ】

【監修者・執筆者紹介】

〔総合監修〕

梅澤　泉（うめざわ　いずみ）

EYストラテジー・アンド・コンサルティング株式会社　パートナー

公認会計士、公認情報システム監査人（CISA）、公認データプライバシーソリューションエンジニア（CDPSE）。

クラウドサービス、データセンターサービスに係るIT統制の保証業務に従事するとともに、EYにおけるジャパン・データプロテクション・リーダーとして、各国のプライバシー法規制や個人情報保護管理に対する企業支援をEYのグローバルネットワークを通じて幅広く提供。

〔法務監修〕

伊藤　多嘉彦（いとう　たかひこ）

EY弁護士法人　パートナー

弁護士、ニューヨーク州弁護士。

裁判官、外資系及び国内大手法律事務所を経て、2017年にEY弁護士法人に加入。スタートアップ企業のビジネスモデル検討、大手企業の新規事業のフィージビリティスタディに関して法務面からの助言を行う中で、国内及び海外の個人情報・プライバシー規制に関する調査・助言にも数多く従事。

増田　好剛（ますだ　よしたけ）

EY弁護士法人　アソシエートパートナー

弁護士、ニューヨーク州弁護士。

外資系及び国内法律事務所を経て、2021年にEY弁護士法人に加入。M&Aを含む、国際的及び国内の企業間取引に関する法務サポート、並びに、個人情報保護法を含む、コンプライアンス及びコーポレートガバナンスに関連する法務サポートを中心として、幅広いリーガルサービスを提供。

〔法務監修協力者〕

小木　惇（おぎ　じゅん）　EY弁護士法人　マネージャー　弁護士

柴田　真理子（しばた　まりこ）　EY弁護士法人　マネージャー　弁護士

美濃　秀起（みの　ひでき）　EY弁護士法人　マネージャー　弁護士

糟谷　良太郎（かすや　りょうたろう）　EY弁護士法人　シニア　弁護士

〔執筆者〕

熊谷　真知子（くまがい　まちこ）

EYストラテジー・アンド・コンサルティング株式会社　シニアマネージャー

Certified Information Privacy Professional/Europe（CIPP/E）、公認情報システム監査人（CISA）。

個人情報保護、情報セキュリティのコンサルティング業務を担当。幅広い業界において、ポリシー・規程類の整備やデータ移転、同意取得、安全管理措置などの実務対応を含む個人情報保護管理態勢の強化を支援。EYの海外ネットワークと連携し、GDPR対応を含むグローバル企業の対策についても従事。

鳥山　智史（とりやま　さとし）
EYストラテジー・アンド・コンサルティング株式会社　シニアマネージャー
公認情報システム監査人（CISA）、プライバシーマーク審査員補。
個人情報保護管理のコンサルティング業務を担当。顧客企業に対し社外講師として個人情報保護研修サービスを提供するほかにも、個人情報保護マネジメントシステムの構築から運用の継続的改善までをワンストップで支援。

坂本　優香（さかもと　ゆか）
EYストラテジー・アンド・コンサルティング株式会社　マネージャー
公認情報システム監査人（CISA）、公認内部監査人（CIA）。
同社に入社後、内部統制の構築支援業務に従事。EU一般データ保護規則（GDPR）施行を契機に個人情報保護管理態勢の構築支援業務に参画。海外のEYメンバーと連携し、日系、外資グローバル企業の個人情報保護管理態勢の構築や情報セキュリティ管理態勢の評価支援等、リスク関連のコンサルティング業務を幅広く担当。

高橋　毅（たかはし　たけし）
EYストラテジー・アンド・コンサルティング株式会社　マネージャー
公認情報システム監査人（CISA）。
個人情報保護関連業務に加え、ISMS認証取得支援、IT内部統制構築支援、全社ガバナンス/コンプライアンスに係る第三者調査、受託業務に係る内部統制の保証業務（SOC）、政府情報システムのためのセキュリティ評価制度（ISMAP）等の業務に幅広く従事。

山野目　祐希（やまのめ　ゆうき）
EYストラテジー・アンド・コンサルティング株式会社　シニアコンサルタント
公認情報システム監査人（CISA）、ISO/IEC 27001審査員。
個人情報保護を含むリスク関連のコンサルティング業務を担当。情報通信、広告、製造等の業界にて、個人情報保護管理態勢の構築支援、情報セキュリティ監査、セキュリティ認証評価等の業務に従事。

〔執筆協力者〕
長谷川　順（はせがわ　じゅん）
EYストラテジー・アンド・コンサルティング株式会社　シニアマネージャー
公認情報システム監査人（CISA）、プロジェクトマネジメントプロフェッショナル（PMP）

増田　智一（ますだ　ともかず）
EYストラテジー・アンド・コンサルティング株式会社　マネージャー
公認情報システム監査人（CISA）、情報処理安全確保支援士

EY | Building a better working world

EY は、「Building a better working world ～より良い社会の構築を目指して」をパーパス（存在意義）としています。クライアント、人々、そして社会のために長期的価値を創出し、資本市場における信頼の構築に貢献します。

150 カ国以上に展開する EY のチームは、データとテクノロジーの実現により 信頼を提供し、クライアントの成長、変革および事業を支援します。

アシュアランス、コンサルティング、法務、ストラテジー、税務およびトランザクションの全サービスを通して、世界が直面する複雑な問題に対し優れた課題提起（better question）をすることで、新たな解決策を導きます。

EY とは、アーンスト・アンド・ヤング・グローバル・リミテッドのグローバルネットワークであり、単体、もしくは複数のメンバーファームを指し、各メンバーファームは法的に独立した組織です。アーンスト・アンド・ヤング・グローバル・リミテッドは、英国の保証有限責任会社であり、顧客サービスは提供していません。EY による個人情報の取得・利用の方法や、データ保護に関する法令により個人情報の主体が有する権利については、ey.com/privacy をご確認ください。EY のメンバーファームは、現地の法令により禁止されている場合、法務サービスを提供することはありません。EY について詳しくは、ey.com をご覧ください。

EY のコンサルティングサービスについて

EY のコンサルティングサービスは、人、テクノロジー、イノベーションの力でビジネスを変革し、より良い社会を構築していきます。私たちは、変革、すなわちトランスフォーメーションの領域で世界トップクラスのコンサルタントになることを目指しています。7 万人を超える EY のコンサルタントは、その多様性とスキルを生かして、人を中心に据え（humans@center）、迅速にテクノロジーを実用化し（technology@speed）、大規模にイノベーションを推進し（innovation@scale）、クライアントのトランスフォーメーションを支援します。これらの変革を推進することにより、人、クライアント、社会にとっての長期的価値を創造していきます。詳しくは ey.com/ja_jp/consulting をご覧ください。

2023年 9 月10日　初版発行　　　　　　　　　　略称：QA個人情報

キーワードとQ&Aでわかる！
これからの個人情報・プライバシー保護と戦略的活用

編　者　　EYストラテジー・アンド・コンサルティング株式会社

発行者　　中島豊彦

発行所　**同文舘出版株式会社**
東京都千代田区神田神保町1-41　〒101-0051
営業（03）3294-1801　編集（03）3294-1803
振替 00100-8-42935　https://www.dobunkan.co.jp

製版：朝日メディアインターナショナル
印刷・製本：三美印刷
装丁：オセロ

ISBN978-4-495-39076-1